中公クラシックス W91

アラン

幸福論

宗 左近 訳

中央公論新社

目次

楽観主義者の幸福論——アラン、そして現代へ

小倉孝誠

誰をも納得させる客観的な指標はないのだろうが、世界でどの国の幸福度が高いかという国際比較がときどき行なわれる。さまざまな基準にもとづいて調査が実施されるのだが、この種の比較で日本はほとんどつねに中位に位置する。先進国だけを比べても、日本人の幸福度ランキングはけっして高くない。経済的豊かさ、治安の良さ、教育水準の高さ、社会保障制度などを考慮すれば、国民の幸福感はもっと大きくてもいいのではないか、という意見が出されることも多い。われわれ日本人は現状に満足できない欲張りな国民なのか、それとも過度に悲観的な国民なのか。ちなみに日本の場合、男女別で言えば、女性のほうが男性よりも幸福度の指数が高く、年齢的には高齢者ほど幸福感が高い。いずれにしても、幸福は誰にとっても大きな関心事であるだけに、幸福をめぐる議論は際限がない。

幸福論ブーム

実際しばらく前から、幸福論がブームの様相を呈している。人生論や自己啓発本の類ならそれ以前から出回っていたが、近年はそこに思想史、社会学、心理学、経済学、政治学などの学問まで関与するようになったのが特徴的である。二つ例をあげておこう。数年前、ハーバード大学白熱教室の講師として日本でも評判になった政治哲学者マイケル・サンデルの正義論では、社会と共同体の幸福をめぐる議論が大きな位置を占めていたし、経済学者・橘木俊詔は昨今の格差社会の現実と弊害を明らかにしながら、その是正をとおして人々の幸福度を高める具体的な施策を提言している(『新しい幸福論』、二〇一六)。

哲学の領域では、プラトンから、古代ローマのストア派、中世の聖アウグスティヌス、近代のモンテーニュ、スピノザ、カント、ミルを経て二十世紀に至るまで、幸福とその様態をめぐって無数の思考が繰り広げられてきた(西洋における幸福論の系譜については、合田正人『幸福の文法』、二〇一三、に詳しい)。ただしそれは二十世紀前半までの話で、後半では事情が異なる。誰もが幸福を望むという意味で幸福は永遠の課題なのだが、他方で凡庸で、陳腐な問いとして戦後の哲学シーンでは俎上にあがらなかった。現象学も、実存主義も、構造主義も、ポストモダン哲学も、幸福の問題を考察の中心に据えたことはない。解答のない問いとして聡明に避けられてきたか、そもそも哲学の主題に値しないと認識されていたのだろう。

そのため、近年の幸福論ブームでは十九世紀、二十世紀前半に書かれた著作が参照基準として引用されることが多い。本書アランの『幸福論』(正確には『幸福に関する語録』、一九二五)もその一冊で、これはスイスのヒルティの『幸福論』(一八九一―九九)、イギリスのラッセルの『幸福論』(正確には『幸福の獲得』、一九三〇)と並んで、しばしば二十世紀の三大幸福論と呼ばれている。それぞれフランス語、ドイツ語、英語で書かれたこれら三冊の書物は、いずれも早くから邦訳されてわが国では昔から愛読されてきた。とりわけアランの著作には数多くの邦訳が存在し、宗左近訳による本書(初版は一九六五年)もそのひとつである。

社会学や経済学の視点から論じられる幸福論は、ときにはかなり専門的な議論を展開するので、かならずしも一般読者向けの、いわゆる人生論としての、あるいはハウツー本的な幸福論ではない。それでも近年そうした著作が少なからず書かれ、出版されるのは、読書市場にそれだけの需要があることを示しているだろう。需要があるというのは、現代社会において幸福になりたい、あるいはもっと幸福になりたいと思っているひと、したがって現在は不幸だ、不幸とは言えないにしてもけっして十分幸福ではない、と感じているひとがそれだけ多いということだろう。西暦二〇〇〇年代に入ってから、日本では毎年自殺者の数が三万人を超えるという、悲劇的な状況が続いた。未遂者の数はそれ以上だろう。みずからの命を絶つというのは、絶望の、すなわち不幸の極限のかたちにほかならない。それもまた、日本における幸福の欠落を示す徴候のひとつである。幸福論が流行するというのは、それだけ人間と社会が不幸だ、どこかで機能不全が起こっているという現実の陰画であろう。絶望的な状況のなかで一条の希望の光を見出すために、幸福論と銘打たれた書物を繙くひとは現在も、そしてこれからも数多くいることだろう。

この書物を手に取った読者は自分が不幸だと感じているひとである、とまで主張するつもりはない。人間には自己承認への欲求というものがあり、自己を肯定したいという欲望が備わっている。幸福な者が、自分の幸福をいっそう確信し、それを持続させる方法を確認するために幸福論を繙くこともある。しかし多くの場合、ひとは自分の人生に不満だからこそこの種の本を読もうとするはずである。そしてひとたび幸福になれば、幸福だと感じられるようになれば、ひとはもはや幸福論を手にしようとは思わない。人間は欠落があるからこそ充足を求めるのであり、それが人間を努力や向上へと駆り立てるのである。

アランの『幸福論』は、少し性格が異なる。不幸なひとが好んで手を伸ばす書物だろうが、他方で、格別自分が不幸だと感じていない者でも思わず手にしたくなる書物である。なぜなら本書は、不幸なひとをやさしく慰めるわけではなく、不幸を克服するための手軽な処方箋を示したりするのでもなく、幸福というテーマをめぐって生と世界の全体をあらためて考察するよう促すからである。幸福になるための手っ取り早い手段を本書のなかに探し求めれば、読者は失望するだろう。逆に、幸福という問題を切り口にして人間性と社会について問いかける者には、多くのものをもたらしてくれるはずだ。

アランとその時代

ではアラン、本名エミール・シャルティエ（一八六八―一九五一）が生きたのは、どういう時代だったのだろうか。本書によってはじめてアランに触れる読者のために、彼の時代を手短に振り返ってみよう。

彼が生まれて二年後の一八七〇年、フランスとドイツの間に普仏戦争が勃発し、敗北したフランスは莫大な賠償金と、アルザス・ロレーヌ地方の割譲という多大な犠牲を払った。その後に成立した第三共和政は、初期のうちこそ王党派や、ボナパルト派や、カトリック勢力との対立のなかでなかなか安定に至らなかったが、十九世紀末になってようやく政治的な安定を確立する。加えて産業の隆盛、植民地の拡大、ジャーナリズムの発展がフランスに繁栄と文化的な輝きをもたらした。一八八〇年代には、文部大臣ジュール・フェリーの先導のもと、公教育の義務化と無償化と世俗性（宗教色を持ち込まないこと）が制度化された。この公教育の整備は、フランス人を共和国の市民として育成するという国家の意図を具体化したものであり、一八九〇年代から一九三〇年代まで四十年以上にわたって高等中学校の哲学教師を務めたアランは、まさにこうした共和政の教育政策に貢献した人間と言えよう。

フランスの文化的栄華は二十世紀初頭にひとつの頂点に達する。この時代、経済的な繁栄は否定しがたく、それがある種の生きる歓びと結びついて、当時のフランス、とりわけパリに独特の享楽的な雰囲気をもたらした。一九〇〇年という年は世紀の変わり目であると同時に、華やかな時代を象徴する事件に彩られた。万国博覧会、パリ初の地下鉄の開通、そしてオリンピック開催である。この時の万博の中心だった「電気宮」に象徴されるように、電気という新たな動力源は科学と技術の進歩を具現し、それをいっそう推進するものとみなされた。電気照明や電話（プルーストの小説『失われた時を求めて』のなかで「すばらしい魔法」と形容された）が、この時代に一般の家庭にも普及していく。一八九二年にパリでは路面電車が実用化され、一九〇六年には、パリのサン＝ジェルマン＝デ＝プレとモンマルトルを結ぶ最初のバス路線が走り、一九〇九年には、ルイ・ブレリオが飛行機による英仏海峡の横断に成功した。こうした状況が人々により幸福で、快適な未来を夢想させたことは想像に難くない。この時代はフランス史上「ベルエポック」と呼ばれるが、これは美しい時代、良き時代という意味である。

しかし、この時代にすべてが順調に進んでいたわけではない。どのような時代にも光と影があり、ベルエポック期も例外ではない。

華やかで享楽的な雰囲気の背後で、民衆や労働者はつつましく、不安定な生活を強いられていたし、彼らとブルジョワジーなど上流階級のあいだに横たわる経済的、社会的、文化的な懸隔は相変わらず大きかった。ベルエポックの華やかさの陰には、貧困と脆弱さが潜んでいたのであり、繁栄を享受するのは、限られた階層にのみ許された特権にほかならなかった。一八九〇年代には、資本と労働の対立が激化して、労働運動が高まり、政治と社会の中枢をねらうアナーキズム・テロの嵐が吹き荒れる。パリの肥大は治安を悪化させた。犯罪が凶悪化し、犯罪件数が増えると、犯罪人類学者や精神医学者たちが民族の衰退や社会の崩壊を危ぶむ声を上げた。そして犯罪が挿絵入り大衆新聞の恰好の話題となって報道されたのだが、それというのも大衆は殺人事件や、上流社会のスキャンダラスな事件に飢えていたからである。ベルエポックは犯罪に熱中し、スキャンダルの報道をむさぼるように読んだ時代でもあったのだ。それは同時期に推理小説が流行し、モーリス・ルブランの「ルパン・シリーズ」が人気を博したことと呼応している。

犯罪が一部のひとにしか関わらないものであるのに反して、病はあらゆる人々の身体と精神を侵しうるという意味で、広範にわたる不安の要因である。人類はつねに病と闘いながら生きてきたのだが、人々を苦しめ、恐れさせる病は時代と社会によって異なり、その意味で病をめぐる表象は歴史的に規定されている。中世から近世までもっとも恐れられた病気はペストやハンセン病であり、現代ではガンや心臓病であろう。アランの生きた十九世紀末から二十世紀前半という時代には、梅毒やアルコール依存症が人々の健康を蝕んだ。

しかしそれ以上に怖ろしい脅威とされ、もっとも死亡率が高かったのは結核である。患者はとりわけ大都市の民衆に多かったが、それというのも長く過酷な労働による疲労、暗く非衛生的な住居、栄養不良などがこの病を蔓延させる要因だったからである。結核とは貧困と結びついた病理であり、そのかぎりで社会的な差異をあからさまに露呈する病だった。他方ブルジョワジーにしても、結核の脅威から逃れられたわけではなく、とりわけ若い女性に感染者が多くでた。ドイツのコッホが一八八二年に結核菌を発見し、病理学的な解明は進むが、治療法といえば転地療法とサナトリウムしかなく、不治の病だった。治療が劇的に進歩するのは、二十世紀半ばに抗生物質が発見されて以降のことである。突発的な病ではなく、患者にみずからを観察する時間を残す結核という病は、さまざまな神話や幻想に彩られ、多様な隠喩に飾り立てられて文学や絵画の表象を生み出した。スーザン・ソンタグが『隠喩としての病』(一九七八)のなかであざやかに分析した現象だが、それはまた別の問題である。

アランが生きたのは、このような時代だった。『幸福論』を含めてアランの著作に健康的な楽観主義が浸透しているのは、もちろんアラン自身の性格と思考方法に由来するところが大きいだろう。パリの名門校で学び、安定した教師生活を送れたという状況も関与しているに違いない。それと同時に、彼が時代と社会の肯定的な側面にとりわけ注意を引かれたということかもしれない。実際、『幸福論』を構成する多くの断章は、ベルエポック期に書かれている。一見、現実社会の情勢とは無縁なところで書き綴られた、書斎で練られた思索の集成という印象を受けるが、どのような哲学的思考もけっして時代や社会から隔絶しているわけではない。

アランの軌跡

アランは一八六八年、獣医を父としてフランス西部ノルマンディー地方の小さな町モルターニュに生まれた。地元の高等中学校を経て、学業の優秀だったアランは特別給費生として少し離れた中都市アランソン、さらにはパリの高等中学校で学業を修めた。パリで哲学を習ったのがジュール・ラニョーで、プラトンやスピノザに関する講義に触発されて、アランは哲学への道を志すようになった。一八八九年、パリ高等師範学校に入学する。これはフランス革命時代に創立され、現在も続くエリート高等教育機関であり、生徒には学寮と、かなり高額の奨学金が支給される。恵まれた知的環境で、学業に専心できる場所であり、当時も今も卒業生の多くは教員や研究者の道を選ぶ。

文科に登録し、哲学を専攻したアランはプラトン、アリストテレスを始めとして、デカルト、スピノザ、カント、ヘーゲル、オーギュスト・コントなどを読み耽り、他方ではバルザック、スタンダール、ジョルジュ・サンド、ディケンズの小説を愛読し、ユゴーの詩集を繙いたと、アランの弟子で批評家のアンドレ・モーロワが師の伝記『アラン』（一九五〇）に書き記している。高等師範学校の学生たちはどのような分野を専攻するにしろ、哲学、文学、歴史など人文科学系の古典を一通り習得するのが通過儀礼のようなものだった。

一八九二年、哲学の教授資格試験（アグレガシオンと呼ばれる国家試験）に合格すると、ブルターニュ地方の小さな町ポンティヴィの高等中学校に哲学教授として赴任し、その後、同じブルターニュ地方のロリアン、ノルマンディー地方の中心都市ルーアン、さらに一九〇三年以降はパリのいくつかの高等中学校で教壇に立ち、一九三三年、六十五歳で停年退職するまで哲学を講じ続けた。その間、本業の哲学のみならず、美学、芸術、文学、教育、政治などを対象にして数多くの著作を上梓した。旺盛な著作活動は退職後も変わらず、パリ郊外の町ヴェジネに隠棲しながら読書と執筆にいそしんだ。その町で、八十三歳の長寿をまっとうしたのは一九五一年六月のことである。

授業に細心の注意を払い、生徒たちに尊敬される教師であり、同時に生涯をつうじて多くの著作を刊行したアランは基本的に書斎人だったが、社会との接触を避けたわけではない。その点で二つのことが特筆に値する。

ロリアンで教鞭を執っていた一八九四年、ドレフュス事件が勃発する。フランス陸軍のドレフュス大尉がドイツ側に機密を漏洩したとして逮捕され、有罪を宣告された事件である。ドレフュスがユダヤ人だったこともあり、それが反ユダヤ主義という差別の思想と結びついて事件の波紋を広げた。十九世紀末の数年間、フランス社会は彼の無罪を信じるドレフュス派と、有罪を主張する反ドレフュス派に分断されたのだった。当初から冤罪ではないかという噂が流布していたが、ドレフュスの無実を確信した作家エミール・ゾラが一八九八年一月十三日、『オロール』紙に「私は弾劾する!」という大統領宛の公開状を掲載して、軍部と国家を弾劾したことが事件の潮目を変えた。再審を経てドレフュスの無罪が確定するのは、一九〇六年のことである。一八九〇年代後半、アランはロリアンの急進派の新聞に寄稿して、ドレフュスを擁護する立場を鮮明にしている。公立学校の教師が、司法当局と国家の判断に異議を突きつけたのだから、周囲から白眼視されたことだろう。ロリアンではまた、「民衆大学」の設立に尽力した。

一九一四―一八年の第一次世界大戦は、ヨーロッパ諸国すべてを巻き込んだ全面戦争である。アランはすでに四十六歳になっていたが、みずから志願して入隊し、前線に立つことを望んだ。

祖国が危機に瀕しているのだから、共和国の市民として義務を果たすべきだと考えたのだろう。軍部は彼の年齢と地位を考慮して軽い、危険のない任務に当てようとしたようだが、アランは重砲兵を希望し、そのとおりに配属された。こうして一九一七年十月に除隊となるまで、砲火の現実を体験したのだった。その間も、軍務の間隙をぬって『芸術論集』など数冊の書物の原稿を書き上げている。『幸福論』のなかには、戦争や軍隊の現実に触れた断章がいくつかあり、みずからの体験が盛り込まれているのもけだし当然なのである。

一八六八年生れのアランは、哲学者アンリ・ベルクソン（一八五九―一九四一）より少し年少で、作家ロマン・ロラン（一八六六―一九四四）、アンドレ・ジッド（一八六九―一九五一）、ポール・ヴァレリー（一八七一―一九四五）、そして批評家アルベール・ティボーデ（一八七四―一九三六）らとはほぼ同世代である。実際、ジッドとティボーデが深く関わった文芸雑誌『新フランス評論』には、アランも寄稿していたし、ヴァレリーとは個人的な交流を持ち、彼の詩集を注釈した。画家で言えば、アンリ・マティス（一八六九―一九五四）やジョルジュ・ブラック（一八八二―一九六三）はアランより少し若く、音楽の世界では、クロード・ドビュッシー（一八六二―一九一八）、モーリス・ラヴェル（一八七五―一九三七）らと世代が近い。いずれもそれぞれの分野で、主として二十世紀前半に顕著な活躍をし、歴史に名を残す人々である。それは意志と記憶の哲学、前衛文学、フォーヴィスムとキュビスム絵画、そして印象派音楽の時代だった。芸術と思想の新たな潮流が開花した時代の空気を、アランは十分に吸っていたのである。

アランの著作は本来の専門である哲学だけでなく、美学、芸術、文学、宗教、教育、政治など多分野に及ぶ。人間と社会と世界のあらゆる問題に対峙するのが、哲学という学問である。哲学分野では『デカルト研究』と『プラトンに関する十一章』（ともに一九二八）、美学の領域では『芸術の体系』（一九二〇）と『美学に関する語録』（一九二三）、芸術論としては『音楽家訪問』（一九二七）、『彫刻家の家での会話』（一九三七）、そして文学批評としては『スタンダール』（一九三五）と『バルザックとともに』（一九三七）が主要な業績である。しかしこれらの著作以上に有名で、多くの読者に恵まれ、今やアランの代表作の様相を呈しているのが本書『幸福論』にほかならない。

『幸福論』の構図とテーマ

『幸福論』の原題は Propos sur le bonheur という。プロポ propos とは、何か、あるいは誰かについて交わした言葉、書かれた文章というのが一般的な意味で、「論」という日本語から想定されるような体系的な思想を指すわけではない。現代フランス語でも普通はそのような意味で使用される。アランは長い期間にわたって新聞や雑誌に発表した大量の短文をプロポと名付けたのであって、「語録」、「随想」、「エッセイ」といった日本語がふさわしいだろう。最初のプロポが発表されたのはルーアン時代で、地元の新聞に一九〇六年に掲載され、「あるノルマンディー人の語録」と題されていた。したがって原題に忠実な邦題は『幸福に関する語録』ということになるだろうか。著作のタイトルとしてプロポを用いたのはアランの特徴で、すぐれてアラン的な形式である。実際『アランの語録』(一九二〇)、『美学に関する語録』(一九二三)、『教育に関する語録』(一九三三)、『文学語録』(一九三四)など、プロポを標題に含む著作は少なくない。

しかもアランは、しばしば読者に語りかけるように、まるで読者と対話しているかのように文章を書き綴る。新聞に発表された一般読者相手の語録だという形式的な枠組みはあったが、それだけではなく、そもそもアランの思考法が他者との対話を志向し、切り詰められた語数で、ときには省略と飛躍を厭わずに議論を展開する形に適していたに違いない。これはプラトンの対話編、ストア派の著作、モンテーニュのエセー、パスカルやラ・ブリュイエールに代表される十七世紀フランスのモラリスト文学、十九世紀のキルケゴールやニーチェの箴言《アフォリズム》を踏まえつつ、近代ジャーナリズムの要請に応えるかたちで編み出された形式である。

『幸福論』は書き下しではない。アランがさまざまな媒体に長い期間にわたって発表した断章を、彼の伴侶(妻ではない)だった女性マリ・モール=ランブランと共同で取捨選択し、一書にまとめ上げたものだ。一九二五年の初版には六十編の断章が収められていたが、三年後に九十三編に増え、現在に至る。執筆年代は一九〇六年から一九二六年まで二十年間に及ぶが、断章の数の年度ごとの割合をみると、一九一〇—一三年と、一九二二—二三年に集中した二つの時期がある一方で、一九一四—二〇年に書かれた断章はひとつもない。大戦中とその後の混乱の時期には、そもそも断章が書かれなかったのである。各断章には番号が付されているが、執筆年代順には配列されていない。

配列に何らかの原則のようなものを探し求めるとすれば、扱われている主題だろうか。断章四―十は情念と想像力、十三―十五は不幸な出来事、二十二―二十五は運命、三十三―三十七は家庭、四十―四十三は戦争、四十八―五十は仕事と労働、五十五―六十三は悲しみと絶望、六十八―七十五は楽観主義、七十九―八十四は社会生活上の礼節、そして八十六―九十三が幸福の本質について論じている。とりわけ最後のセクションにはアランの幸福論の精髄が凝縮されており、読者にはぜひ熟読玩味してほしい。後述するように、いずれのセクションもアランが考える幸福を構成する不可欠な要素として、議論の流れに密接に絡んでいる。とはいえこの分類はあくまで相対的なもので、以上に指摘した主題は互いに錯綜しながら、複数のセクションで、異なる主題との、ときには予期せぬ交錯のなかで浮上してくる。単行本化するに際して多少の加筆、修正は施されているが、一定の主題に沿って体系的に構築された著作ではないから、読者はどこから読み始めてもよい。

アランが考える幸福に至るためには、いくつか基本的な条件が要請される。

まず、身体的な要素。幸福は単なる気持ちの問題、内面の問題では片づかない。気持ちと同じく、あるいはそれ以上に身体と、身体にもとづく体験や行動が深く関与する。自分の身体を統御できない者は、自分の思考と感情も制御できない。身体は思考を内包し、したがって身体の訓育は叡智の一部を成す。医学的な知識に依拠した見解が本書のあちこちに散見されるのは、偶然ではない。「いっさいはわれわれの肉体とその働きにかかっている」（四、以下断章の番号を数字で示す）。体操、運動、散歩など身体を動かすことは、身体のみならず精神や心理の健康にとっても不可欠である。アランは過度の内省や、引きこもりがちの生活は幸福にとって有害であるとみなす。想像力や、情念や、メランコリーといった、しばしば知的、芸術的な創造を促進する要素ですら、不幸の原因になりうる。想像力や情念は人間を欺き、その身体性を稀薄にしてしまう。不機嫌や抑うつなどの精神状態さえも、身体の健康を保つことで克服できるとアランは主張する。フランスの精神病理学者シャルコーに言及し、人間の無意識や秘められた情念を重視したフロイトに皮肉の矢を放ったのはそのためである（二十一）。

第二に行動すること。幸福はじっとしていては手に入らない。誰かが私たちに与えてくれるものではない。仮に天から降ってきたような幸福あるいは幸運があっても、そんなものは長続きしないし、人間を持続的に満足させることもない。人間は努力して、苦労して獲得したものだけに本当の喜びを感じるものではないだろうか。「およそ幸福というものは、本質的に詩《ポエジー》であり、ポエジーとは行動を意味するからである」（四十二）。音楽を享受したければまず聴いてみる、あるいはみずから演奏してみる。文学を味わいたければまず読んでみることが肝要なのだ。ともかくどこかに向かって旅立つ勇気をもつこと。

そのかぎりで、アランの幸福論は意志と、主体的な努力を求める。「人生とは、開墾事業だ」（二十三）という労働の隠喩は含蓄が深い。労働も仕事も、みずから選びとったものであれば、そしてそれが自己実現に寄与するならば喜びとなる。生まれつき恵まれた人生はあるかもしれないが、それは単なる偶然の恩恵であり、真の幸福ではない。アランがしばしば用いる寓話を借用するならば、黙っていてもすべてが与えられる権力者や、王子や、金持ちの子どもは真の幸福の味を知らないという意味で哀れである。「不幸になるのはむずかしいことではない。むずかしいのは幸福になることである」(五十四)。幸福追求は困難な事業であり、だからこそ試みるに値する。

そうなれば、何が幸福を妨げ、何が幸福の追求を阻害するのかが明らかになるだろう。無為、怠惰、優柔不断、後悔、臆病といった本人の心のあり方や、妬み、羨望、嫉妬など対人関係のうえで生じるネガティブな心理機制である。預言者や占い師の言葉を信じてはならない。なぜならそれは自発的な行動を妨げることによって、怠惰で危うい宿命論への扉を開いてしまうからだ。こうした要因から完全に解放されることは誰にとっても難しいが、しかしそれらが生産的な営みや飛躍につながらないことは否定できないだろう。過去はわれわれに属していないし、未来を自由に操ることは誰にもできない。郷愁も希望も、それが現在への働きかけを誘発しないかぎり空しい。誤解してはならないが、これは現在の満足、今の快楽だけを追求する刹那主義とは異なる。刹那主義とは、未来への展望を欠いた厭世主義の一形式にすぎないが、アランの姿勢は現在と未来を肯定する楽観主義である。

第三に、幸福は対人関係のなかで定義される。意志と主体的な努力は個人の領域だが、人間が社会のなかで生きている以上、幸福は個人の次元にとどまることはできない。そもそも社会から切り離された、あるいは社会から疎外された者は幸福でありえないだろう。たとえ本人がそれを望んだにしても、アランは孤独な人間を好まない。社会を構成するのは家族であり、職場であり、軍隊であり、その他さまざまな人間関係である。本書に家族、仕事、戦争、礼節、処世術をめぐる断章が含まれているのはそのためだ。礼節や処世術といっても、社会生活や社交を規定するうわべだけの儀礼や作法を指しているのではない。そうではなくて、社会生活を営むうえで必要な最低限の叡智と道徳のことである。

自分が幸福でなければ、周囲を喜ばせることはできない、とアランは言う（八十九）。自分が幸福であるからこそ、家族や友人や隣人といった社会の構成員を幸せにすることができる。ひとは幸福だからこそ愛されるのであり、愛されるから幸福になるのではない。公共や社会の幸福はもちろん重要だが、それ以前に個人が幸福でなければならない。個人の幸福が社会の安寧に必要な条件とみなされる。そしてそのためには、個人が公共や社会との間に強い絆を樹立する必要がある。もちろんアランは、この世界に悪や不正、すなわち不幸が蔓延していることを認識している。「不幸や倦怠や絶望がわれわれの呼吸するこの空気の中にあるからだ。だから、こういう汚染した空気にたえ、公共生活を精力的にいわば身をもって浄化してくれる人にわれわれは感謝し、戦士の栄冠を捧げる義務があるのだ」（九十二）。かくして幸福は、市民道徳の領域に属するものとなる。

市民としての形成

「幸福は寛大である」（九十）、幸福は「義務」である（九十二）と、アランは本書の最後のいくつかの断章で主張し、個人と公共性の繋がりを強調する。「寛大」はフランス語で généreux、高邁な、という日本語も充てられる。その名詞形は générosité であり、寛大さ、高邁さという道徳的な価値を指し示し、哲学史的にはデカルトが語った精神の高邁さに通じる。また幸福が自分にたいしてと同様、他人にたいする義務でもあるという考え方は、カントの道徳論を踏まえたものである。寛大、高邁、義務、さらには先述した礼節などはすべて、市民社会の道徳、あるいは社会における市民道徳の一部を成す。幸福が「美徳」（八十九）だというのは、そういう意味である。そして美徳 vertu というフランス語、さらにはその語源であるラテン語の virtus には美徳と同時に、強さ、勇気という意味がある。幸福とは、健全で、社会参加するのを厭わない市民が形成されるために不可欠な美徳＝強さにほかならない。

市民の形成には教育が求められる。子どもが放置されればしかるべき市民に成長できないことを、長年教師を務めたアランは誰よりもよく認識していただろう。こうして「幸福となる方法」（九十一）と題された断章では、子どもたちに、些細な心配事や障害を克服して幸福になる方法をきちんと教えるべきだ、という忠告が提示される。そのための第一の規則は、現在のものであれ過去のものであれ、自分の不幸を他人に打ち明けるのは差し控えることである、とアランは述べる。愚痴をこぼすのは、他人を不愉快にし、憂鬱にするだけである、とも。この一節に接した読者の反応は、賛同と批判に分かれるのではないだろうか。

第三共和政は義務教育をつうじて人々の市民意識を涵養し、《フランス国民》を創生することをめざした。この時代のフランス人はフランス人として「生まれる」のではなく、教育をつうじてフランス人に「なる」のである。高等中学校の哲学教師アランは、みずからの教育的実践によってそうした共和政の目的に大きく寄与したと言えるかもしれない。

アランの語録は、ときに逆説的な定式をはらむ。「幸福だから笑うのではない。むしろ、笑うから幸福なのだ」（七十七）。「意地が悪いといわれる人たちはだれでも、たいくつすることによって不満なのだ。意地が悪いから不満なのではない」（八十八）。「彼ら〔兵士たち〕が幸福であったのは、祖国のために死んだからではない。それどころか、反対に、彼らが幸福であったからこそ死ぬ力を持ち合わせていたのだ」（八十九）。通常の感覚や論理からすれば、原因と結果を顚倒させているように思われるこれらの文章は読者をはっとさせる、あるいは当惑させる。しかし熟慮してみれば、そこには身体性を重視し、怠惰や倦怠や退屈を幸福の敵として忌避し、幸福と喜びこそが人間に力と勇気を付与するというアランの確信が、鋭い警句のように刻み込まれているのだ。

アランへの疑問

幸福という問題をめぐって、アランは意志と行動の哲学を説いた。口当たりのいい箴言を拒否し、超越的な原理に与しない彼は、あくまで合理的で、現実主義的な叡智を貫こうとしたように思われる。欲しなければ、強い意志をもって行動に移らなければ、幸福を手にすることはできない。幸福は偶然や他者によってもたらされるものではなく、努力によって勝ちとるものである。そして意志と努力さえあれば、幸福は誰の手にも届く贈り物だ、とアランは断言する。長い戦争を体験したとはいえ、ヨーロッパ社会が繁栄と文化的光輝を味わった時代に生きた彼は、本質的に楽観主義者である。ひとによっては、度しがたい楽観主義者と呆れるかもしれない。本書では、悲哀や苦痛への対処法として「上機嫌」でいることの効用が強調されているが、この上機嫌こそまさにアランの思想を貫く根本的な心的機制である。

アランに反論すること、あるいは疑義を呈することは可能だ。彼は幸福になるための実践的な技法を示唆したのであって、絶対的な方法論を定式化しようとしたわけではない。絶対の真理など、およそ哲学という学問にふさわしくない概念なのだから。

たとえば、アランの楽観主義はある種の厳しさに通じる。主体の側に強さと不屈の精神が備わっていなければ、楽観主義は維持しがたいからである。アランの楽観主義は、みずからはそれを有し、揺らぐことがないというひそかな矜持の表現でもあっただろう。しかし誰にでもそれが可能だというわけではない、というつぶやきが聞こえてきそうだ。幸福という義務を遂行するためには、自分の不幸を他人に語ってはならないとアランは戒めるが、しかし他人に聞いてもらうことで不幸や絶望が癒されるのも事実である。今この時に、さまざまな理由で不幸に打ちひしがれているひと、したがって強さも希望も抱けないひとにとって、アランが提出した幸福への処方箋は容易には肯定できないかもしれない。

現代のわれわれからすれば、アランの議論は個人の精神のあり方や、対人関係の様態には触れているが、社会制度や政治の不備にはほとんど言及していない。この世界に悲しみや、苦痛や、病や、災難や、貧困が存在することに無知ではないが、それが幸福にとって乗り越えがたい障壁だとは考えていない。逆境でも、みずからの考え方しだいで乗り切れるはずだというのがアランの考えである。確かに本人の気持ちのあり様で、あるいは意志と努力で解決できることは多いが、障壁があまりに高いとそれも個人の力だけでは不可能である。行動を起こそうにも、その出発点に立つことすらできない。現代日本でしきりに話題となる格差や不平等は、かならずしも個人の責任ではないし、したがって個人の意志と努力だけで解決できる問題でもない。やはり社会と行政による制度的、人的な支援が不可欠なのである。

以上のような留保はつけられるにしても、アランの著作が幸福をめぐる良質の人生論であり続けていることは間違いない。良質というのは、幸福を手にいれる簡便な手段を教示してくれるからではなく、幸福とは何か、人生の価値はどこにあるのかという本質的な問いかけへと読者をいざない、読者に自己との対話を促すからである。哲学は人生の解答を提供するのではなく、人生への問いかけを新たな言葉と精神で表現するのだから。

現代の幸福論へ

アランの『幸福論』以後、フランス人は幸福をどのように語ってきたのだろうか。網羅的になることはできないが、筆者の管見のかぎりで最後にその点に少し触れておこう。

アランの教え子シモーヌ・ヴェイユ（一九〇九―四三）は、死後に友人の手で編集、刊行された断想集『重力と恩寵』（一九四七）のなかで、不幸や悪や暴力がなぜ存在するかを深く掘り下げることで、幸福の可能性を模索した。犀利な知性と思索に裏づけられたそれらの断章は、珠玉のような美しさを放っている。他方、生涯南フランスの小さな町マノスクで暮らした作家ジャン・ジオノ（一八九五―一九七〇）は、死後出版のエッセイ集『幸福の追求』（一九八八）で次のように書き記す。

幸福は未来に存し、例外的な状況でしか生まれない、と人々は信じる習慣を身につけた。しかし幸福とは現在に、もっとも日常的な現在にこそ宿っているのだ。したがって《わたしにはこれがある、あれがある、だから幸せだ》、さらには《こうだけど、ああだけど、それでもわたしは幸せだ》と言うべきなのだ。

ジオノによれば、現在を肯定し、現在を濃密に生きられる者だけが真の幸福を知る。幸福の要素は単純なものであり、それによってみずからの幸福を創りだせない者は、例外的な条件に恵まれても持続的な幸福を築けない。ここには、意志と努力によって現在という時間のうちに幸福を見出すよう忠告したアランとの、思想的連続性をみてとることができよう。

冒頭でも述べたように、二十世紀後半の哲学者たちは幸福や不幸についてほとんど語ろうとしなかった。そうしたなか新しい世紀の幕が開こうとする西暦二〇〇〇年、『幸福は絶望のうえに』という挑発的なタイトルの本が世に出る。著者は哲学者アンドレ・コント＝スポンヴィル（一九五二―）。れっきとした大学人だが、分かりやすく、親しみやすい文体の哲学者であり、人生の根本問題を解きほぐすように論じるとしてフランスでは人気が高い。体系的な思想を構築するというより、対話篇や断章形式を用いて思考するスタイルはアランに近いだろう。

一九九九年の講演とその後の質疑応答が基になっている『幸福は絶望のうえに』で、著者は快楽、認識（換言すれば真理への愛）、そして行動を、幸福に必要な三つの要素とみなす。それは現在を肯定し、受容することにつながる。希望も大切な要素に思われるかもしれないが、それが未来への欲望であるかぎりにおいて現在の否定に、すなわち幸福からの逃避につながるとされる（これが逆説的なタイトルの意味である）。何かを欲望するのは、まだないものに期待することであり、その欲望が満たされてもまた新たな欲望が生まれるだけで、充足は永久に訪れない。現在を享受できない者は、幸福とは無縁なのだ。

やはり対話形式の共著『幸福をめぐる最も美しい歴史』（二〇〇六）で、コント＝スポンヴィルは同じ主題を変奏させながら、次のように述べる。

幸福とは道の目的地ではなく、道そのものである。でこぼこした、不安定で、困難な道だろうか？　確かに、ほとんどつねにそうだ。しかしもし困難というものを愛さなければ、あるいはそれを受け入れなければ、どうして人生を愛することができようか？　幸福は休息ではない。それは成功に至る努力であり、克服される挫折にほかならない。要するに勇気のないところに幸福はなく、だからストア派の主張は正しい。快楽のないところにはさらに幸福はなく、だからエピクロスの主張は正しい。愛のないところにはさらに幸福が乏しく、だからソクラテスは正しい〔中略〕。幸福は存在や所有のなかにあるのではなく、行動と、快楽と、愛のなかにあるのだ。

困難な現在に勇気をもって立ち向かい、意志と努力によって道を打開し、どんなにささやかなものであれ現在に喜びを見いだすこと。コント＝スポンヴィルはアランの知的遺産を継承している。彼はまたソクラテス、ストア派、さらにはモンテーニュ、スピノザを頻繁に引用するが、そうした参照対象も二人の哲学者に共通している。コント＝スポンヴィルは現代のアランと言えるかもしれない。

二十世紀の代表的な幸福論の著者であり、現代の幸福論の重要な着想源であり続けている哲学者――それがアランなのだ。

幸福論

一　名馬ブケファルス

幼い子供が泣いてどうにもなだめられない時には、乳母《うば》はよくその子の性質や好き嫌いについてこの上なく巧妙な仮説をたてるものだ。遺伝までひっぱり出してこの子はお父さんの素質を受けついでるのだと考えたりする。そんなお手製の心理学にふけり続けているうちに乳母はピンを見つけたりする。そのピンが幼い子供を泣かせた本当の原因だったのである。

アレクサンドル大王が若かったころ、名馬ブケファルスが献上されたが、どの調教師もこのあばれ馬を乗りこなすことができなかった。ありきたりの人間だったら、「こいつはたちの悪い馬だ」とでも言っただろう。ところがアレクサンドルはピンをさがし、間もなく見つけた。ブケファルスが自分の影にひどくおびえていることに気づいたのである。おびえて跳《は》ねあがれば影も跳ねあがるので、きりがなかった。だが、かれはブケファルスの鼻づらを太陽の方に向けたまま動かさないでおいて馬を安心させ、疲れさせることができた。アリストテレスの弟子《でし》は、情念の本当の原因を知らないかぎり、人間は情念に対して全く無力なことを、すでに知っていたのだ。

多くの人々がなんのために恐怖というものは生じるのかを説いてきかせた。しかも強力な理由をあげて。だが、現にこわがっている者は理由なんかに耳を傾けない。自分の心臓の鼓動と血のざわめきに耳を傾けているのだから。学者ぶった人間は危険から恐怖が生ずると推論する。情熱家は恐怖から危険が生ずると推論する。両者とも自分こそ正しいと思っている。しかし、両方ともまちがっている。だが、学者ぶり屋のまちがいは二重だ。かれは本当の原因を知らないし、また情熱家のまちがいがわかっていない。こわがっている人間はなんらかの危険を勝手に創作してこわがっているのだ。そして、自分の今味わっている恐怖はちゃんと理由のあるまぎれもない恐怖だと考えるのだ。ところが、なんの危険もない場合でも、ふと驚くことがほんの少しでもあった場合には、こわくなるものだ。たとえば、ごく近くで、それも思いがけなくピストルの音がしたとか、思いがけない人物がいたとかいうだけでもそうである。マセナ将軍〔一七五六—一八一七。元帥。武名高くナポレオンによって「勝利のいとし児」の別名を与えられた〕は、うすぐらい階段で立像を見てこわくなり、いちもくさんに逃げ出した。

　苛立《いらだ》ちだの、不機嫌だのは、往々にしてあまり長い間立ちどおしでいたことから生ずる。そういうときにはあなたの不機嫌は理屈に合わぬなどといわずに、椅子《いす》をさし出してやることだ。行儀作法こそが一切だといった外交官タレーラン〔一七五四—一八三八。外交官。王政復古に荷担してめざましい活躍を示し、ウィーン会議とロンドン会議で敏腕をふるった〕は、かれが考えたより以上のことを言ったことになる。かれは相手を不愉快にしまいという配慮から、ピンをさがし、ついに見つけたわけである。このごろの外交官ときたらどれも、産衣《うぶぎ》のなかのピンのつけ方を間違えている。そこからヨーロッパのいざこざが持ちあがる。そして、だれでも知っているように、ひとりの子供が泣き出すとほかの子供たちも泣き出すものだ。さらにわるいことには、泣くために泣く。乳母たちは職業がら、心得ているから、子供を腹ばいにさせる。こうすればすぐに身ごなしが変わり、気分も変わる。これがあまり高いところをねらわない説得術というものである。第一次大戦の災禍は、要人たちがみんな不意打ちをくらったことから生じたものと、わたしは考える。不意打ちをくらったためにこわくなったのだ。人が恐怖をいだくときには、怒りから遠くはない。興奮のあとには怒りがすぐ続く。閑暇や休息を楽しんでいるときに突然よびもどされる場合には、好ましくない事態が生じる。そういう状態ではしばしば気分が変わる、それもあまりに変わりすぎる。不意に目をさまされた人と同じで、目をさましすぎるのだ。だが、人間は邪悪なものだ、などとは断じて言ってはならない。人間の性格はこうこうだ、などと言ってはならない。ピンをさがしたまえ。

一九二二年十二月八日

二 刺激

呑《の》みそこなって物がのどにつかえると、身体中が大さわぎになる。あらゆる部分にさしせまった危険を知らせでもしているかのようだ。どの筋肉もてんでにひっつり、心臓もそれに一枚加わる。一種の痙攣《けいれん》状態がおこる。どうしたらいいか。こうした状態にはしたがい、耐え忍ばざるをえないのではあるまいか。というのが哲学者の言い分である。哲学者は経験をもたない人間だからだ。だが、もし生徒が「自分ではどうにもならないんです。ぼくは自分がこわばって、あらゆる筋肉という筋肉が同時にひきつるのをどうしようもないんです」などと言おうものなら、体操や剣術の先生は大笑いしたに違いない。あとからの釈明の道を残しておくために、相手に許可をもとめてから、剣術の稽古刀で激しくたたいた頑《かたく》なな人間を、わたしは知っている。これはたいがいの人が知っていることだが、筋肉はまるで従順な犬のように、忠実に頭で考えていることに従うものである。わたしは腕をのばそうと考える。するとすぐに腕がのびる。わたしがさきほど例にあげた身体の痙攣や惑乱は人々がなにをしたらいいのかわからない、ということから生ずるものに他ならない。この例でいえば、なすべきことは、身体全体をしなやかにし、とりわけ強く息を吸うとよけい混乱がひどくなるから、反対にのどにひっかかった流動体の小さな塊を押し出すことである。いいかえれば、この場合にかぎらずいつでも、全く有害なしろもの、恐怖を追いはらうことである。

風邪の咳《せき》についても同じ種類の教訓があるのだが、ほとんど実行されていない。たいがいの人はまるで自分をかきむしるようなはげしさで咳をする。怒りのあまり自分自身をさいなむためのような咳の仕方をする。そのために発作《ほっさ》をおこして疲れ、気分が苛立つ。これに対して医師たちは咳どめドロップを発見したが、その主な作用はわれわれに呑みこむものを与えることだ、とわたしは信じている。呑みこむということは、強力な反作用で、咳ほどわがままでもなく、咳とくらべてわれわれの手にも負える。呑みこむことによっておこる痙攣のために、もう一方の、咳をする痙攣は不可能となる。例の乳呑児《ちのみご》を裏返しにするのと同じである。だが、咳のなかにある悲劇的なものを最初におさえてしまえば、咳どめドロップなしですませるとわたしは考える。もしはじめに、どんなさき走ったことも考えず、冷静にしていれば、最初の刺激《イリタシオン》は程《ほど》なく過ぎ去ってしまうに違いない。

この刺激《イリタシオン》ということばはなかなか含蓄に富んでいる。ことばには深い知恵がひそんでいるもので、刺激《イリタシオン》はまた、さまざまな情念中もっとも激しい情念、つまり激怒をさすのにも用いられる。怒りに身をまかせている人間と咳こんでどうにもならないでいる人間との間に、たいした違いがあるとは、わたしには思えない。同様に、恐怖というものは肉体の苦しみであるのに、体操によってこれとたたかうことを、人々は必ずしも知りはしない。これらすべての場合を通じての間違いは、人が思考を情念の支配下におき、あらあらしい熱気にかられて恐れや怒りに身をまかす点にある。要するにわれわれは情念によって病気を悪化させる。それが本当の体操を学ばなかった人たちの運命である。そして本当の体操とは、ギリシャ人たちの理解したように、肉体の運動《ムーヴマン》に対する正しい理性の支配のことである。すべてに対する支配でないことはいうまでもない。そうではなく、要は自然な反作用を憤怒の衝動《ムーヴマン》によって妨げないということである。そのことこそ、人間尊重の真の形象化であるこの上なく美しい彫像を常に手本として見せながら、子供たちに教えるべきものであろう。

一九一二年十二月五日

三　悲しいマリー

周期的な躁鬱《そううつ》病について、とりわけ心理学の教授のひとりがうまいぐあいに付属病院で見つけたあの「悲しいマリーと楽しいマリー」について、考えてみるのもむだではない。この話はもうすっかり忘れられてしまったが、記憶しておく価値がある。この娘は、時計《とけい》のような正確さで、一週間は快活で、次の一週間は悲しいのだった。快活なときには、すべてがうまくいった。雨降りもお天気同様に好きだった。ほんのちょっとした友情のしるしにも有頂天になった。愛している人のことを考えては、「なんてわたしは幸運なんでしょう！」というのだった。彼女は決して退屈《たいくつ》することがなかった。そのどんなちょっとした考えでも、だれの気にも入る生きのいい美しい花のように、喜びの色に輝いていた。彼女は、わたしがあなたにもおすすめしたい状態にいた。つまり、賢者が言っているとおり、水甕《みずがめ》に取っ手が二つあるように、どんな事柄にも二つの面があるということである。やりきれないと思えばいつでもやりきれないし、頼もしくて慰めになると思えばいつでも頼もしくて慰めになる。幸福になろうとする努力は決してむだにはならないものなのである。

ところが、一週間たつとすべてが調子を変えるのだった。彼女はどうしようもない倦怠《けんたい》におちいった。もはや何事にも興味がなくなった。何もかもつまらなく見えた。幸福というものをもう信じなかった。愛情というものをもう信じなかった。だれも自分を愛してくれたためしはなかった。それが当然なんだわ。彼女は自分を馬鹿《ばか》で退屈な女だと判断した。病気のことを考えては、そのために病気を悪化させた。彼女はそれを知っていた。次のような恐ろしい方法で、いわば彼女は小きざみに自殺していた。「あんたはあたしに関心をもっていると思いこませようとしているわね、あたしに。でもあたしはあんたのお芝居《しばい》になんか。だまされはしないことよ」と言うのだった。おせじを言われるとからかわれたのだと思い、親切にされると侮辱されたのだと思った。秘密は彼女には腹黒いたくらみと思われた。こういう想像力の病気にはつける薬がない。不幸な人間には、どんな好ましいできごとがほほえみかけても意味がない。幸福であることのなかには、人が考えているよりももっと多くの意志の力が働いているものなのである。

だが、この心理学の教授は、さらにすすんで、勇気ある人のためのもっと手荒な教訓、もっと恐るべき試練を発見した。人間の心のこうした周期的変化について数多くの観察と測定をしているうちに、血球を立方センチで数えることを考えた。するとそこにはあきらかな法則があった。楽しい時期のおわりごろになると血球の数が少なくなり、悲しい時期のおわりごろになるとふたたびそれが多くなった。血が多いか少ないか、それがあのありもしない幻影の原因であった。こうして、医師は彼女の懸命な訴えをきいても、「安心しなさい。あしたになれば幸福になりますよ」と答えるようになった。しかし彼女は医師の言葉を少しも信じようとはしなかった。

このことについては、実際は自分は悲しいのだと思いたがっているある友人がわたしに言った。「こんなはっきりしたことはないではないか。われわれにはどうすることもできはしない。いくら考えたからといって、わたしに血球がつくれるものでもない。つまり、どんな哲学もむだというわけだ。この広大な宇宙は、その法則にしたがって冬と夏、雨と晴というぐあいに、喜びと悲しみをわれわれにもたらすに違いない。幸福になりたいというわたしの望みは、散歩したいという望みと同じ程度のしろものであるにすぎない。わたしはこの谷間に雨を降らせはしない。わたしは自分のなかに憂鬱のたねを生みつけはしない。わたしは雨と憂鬱に堪えている。そして、それを堪えていることをわたしは知っている。これがりっぱななぐさめというわけだ」

だが、そう簡単には行かない。厳格な判断だの、不吉な予言だの、いやな思い出だのを嚙みしめ考え直すと、たしかに自分の悲しみというものがありありとわかってくる。いわば悲しみのきき酒をするというわけだ。だが、その背後に血球の増減があることをよく心得ていれば、つまらぬことを嚙みしめたり考えなおしたりすることが、おかしくなる。わたしは悲しみを肉体のなかに押しかえしてしまう。そこでは悲しみは、なんの粉飾もない疲労か病気にすぎない。裏切りよりも胃腸病の方がずっと耐えやすい。本当の友人がいないなどと言うより、血球が足りないと言う方がずっといいではないか。情熱家は道理も鎮静剤もともに退ける。わたしのいうこの方法を用いれば、この二つの療法への門が同時に開かれることになる。これは果して知っていなくてよいことであろうか。

一九一三年八月十八日

四　神経衰弱

このごろのような時雨《しぐれ》の季節になると、人の気分は、男も女も、空模様のように変わりやすい。たいそう学問もあり道理もわきまえたある友人が、きのうわたしにこう言った。「どうも自分が不満でならない。仕事やトランプ遊びをやめると、無数の些細《ささい》な思いが無数の色合いで頭の中を回転して、うれしいと思えば悲しくなり、悲しいと思えばうれしくなり、見ようによって色がたちまち変わる鳩の喉毛よりもすみやかに気分が変わる。その思いというのは、手紙を書かなければならないとか、電車に乗りおくれたとか、オーバーが重すぎるとかいったようなことなのだが、それが本物の不幸と同じように、途方もない重大事となる。筋道立てて考えても、こんなことはすべて自分にはどうでもいいことだということを自分で納得しても、それでもだめなのだ。わたしの理性は、ぬれた太鼓も同然で、まるでものの役には立たない。そこで、要するに、自分は少々神経衰弱なのだなと思うわけだ」。

わたしはかれに言った。大げさなことばは使いなさんな。事実を理解しようとつとめなさい。きみのようなことはだれにだってある。ただきみは不幸にして聡明すぎるのだ。あまり自分のことを考えすぎるのだ。なぜうれしくなったり悲しくなったりするのか、そんな理由を知りたがる。そのため自分に対して苛立《いらだ》ってくる。それというのも、きみのよろこびや悲しみが、きみの知っている理由からではうまく説明がつかないからだ。

実際には、幸福であったり不幸であったりする理由はたいしたことではない。いっさいはわれわれの肉体とその働きにかかっている。そしてどんな頑健な肉体でも、毎日、緊張から弛緩へ、弛緩から緊張へと、しかも多くの場合、食事や、歩行や、注意力や、読書や、天気ぐあいなどに左右されて、移りかわる。それにしたがってきみの気分も波の上にある舟のように上下する。それらの外的条件は、普通のときは灰色の目立たない色調を帯びているにすぎない。なにかに没頭しているかぎりは、そのことを考えはしない。ところが、一たびそれを考える暇ができ、熱心に考え出すと、些細な理由が群をなして押しよせてくる。そして、きみは、それが結果であるのに原因だと思いこむ。鋭敏な人は悲しければ悲しい理由を、うれしければうれしい理由を、必ず見つけだす。同じ一つの理由が二つの目的に役立つこともしばしばある。病身で肉体の苦しみを味わっていたパスカルは、多数の星をみて恐怖した。そして、かれが星をながめながら荘厳な戦慄《せんりつ》を感じたのは、それと気づかずに窓ぎわで冷えこんだからに違いない。ほかの健康な詩人だったら、女友だちにでも話しかけるように星に話しかけるだろう。そのどちらの詩人も星空についてきわめて気高いことを、つまり実は問題外の気高いことを、口にすることであろう。

スピノザは言っている。人間が情念をもたないということはありえない。だが、賢者は魂のなかに幸福な思想の領域を大きく形づくっているので、そのまえでは情念がおよそ小さい領域しかもたないのだ、と。かれのむずかしい論理の道をたどらなくともかれという人間にならって、音楽だの、絵画だの、談話だのといったたくさんの多くの幸福をこしらえることはできる。これらの幸福のそばにおけば、われわれの憂鬱などはすべてとるに足りないちっぽけなものとなるであろう。社交界の人間はちょっとした義務によって自分の腹立ちを忘れることができる。われわれは真面目《まじめ》で有用な仕事だの、書物だの、友だちだのをもっと利用しないことを恥じるべきであろう。たしかに、価値のある物事に当然もつべき関心を少しももたないということは、一般的な、しかも重大な誤りに違いない。しかも、われわれはそうした価値のあるものをあてにしている。自分がはっきりほしがっているものを手にいれようと希むこと自体が、ときとしてはなみなみならぬ技術を必要とするのである。

一九〇八年二月二十二日

五　ふさぎの虫

　しばらくまえ、腎臓《じんぞう》結石で苦しんでいる友人を見舞ったことがあるが、かれは申し分なく不機嫌だった。だれでも知ってのとおり、この種類の病気は気をめいらせるものである。わたしがそのことを言うと、かれも事実をみとめた。そこでわたしは結論をひきだしてこういってやった。「この病気は気を滅入《めい》らせるものだということをきみが承知しているのなら、それなら、滅入ることに驚いたり、不機嫌になったりすべきではないよ」。このうまく行った理屈はかれを心から笑わせたが、このことがもたらした効果は小さいものではなかった。こういう少々滑稽《こっけい》な形で、ある一つの重要な事柄、それも不幸な人々があまりにも考えなさすぎる一つの事柄を、わたしが言ったのだということは、やはりたしかなのである。深い悲しみというものは、常に肉体の病気に由来する。心痛にも、それが病気でない限りは、やがて安らぎがやってくる。人が考える以上にたやすくやすらぎが、やってくる。そして、疲労とか、どこかにできた結石とかがわれわれの考えを重苦しいものにしないかぎり、不幸について考えること自体はわれわれを苦しめるよりは、むしろ、われわれを驚かして目をさまさせるものだ。たいがいの人はこの事実を否定し、不幸におちいってかれらが苦しむのは、かれらが不幸について考えるからこそだと主張する。もっとも、当人が不幸であるときには、いろいろな物の姿が爪《つめ》やとげをもっていて、その物の姿が目の前に浮ぶだけでわれわれは苦しむのだ、と考えないわけに行かぬということ、これは、わたしもみとめる。

ところで、抑鬱病と呼ばれる患者たちのことを考えてみよう。かれらがどんな考えのなかにでも悲しい理由を見いだすすべを知っていることが、すぐ見てとれる。どんなことばにも傷つくのだ。もしあなたから同情されれば、侮辱されたと思い、どうにもならぬほど不幸だと感ずる。もしあなたから慰められないと、もうこの世に友だちもなく、ひとりぼっちなのだと考える。こういうわけで、考えがぐらつくたびに、いつも、いやな方いやな方へと、気持が傾いてゆくより他はない。病気のせいで、そうならざるをえないのだ。そして、自分自身と議論したあげく、悲しいのは当然だという理由が勝ちをしめるとなると、まるで食通のように、自分自身の悲しみを何度も何度も嚙みしめることしかしない。ところで、この抑鬱病の患者はすべての悩める人間の姿を拡大して、われわれに示してくれるのだ。かれらにあって明らかなこと、つまりかれらの悲しみが病気であるということは、だれにあっても真実である。苦痛がひどくなるのは、われわれが苦痛についてのありとあらゆる理由を考え、そうすることでいわば急所にさわるからこそ生じるものに他なるまい。

やがて情念を偏執へとつのらせてゆくこの精神錯乱から逃れるためには、こう自分にいいきかせなければならない。悲しみとは病気にすぎない、だからいろいろ理屈や理由を考えたりしないで、病気としてがまんしなければならぬ、と。そうすれば気にかかる言葉の行列はちりぢりばらばらになってしまうのだ。心痛は腹痛なみにあつかうことだ。そうすれば、やがてぶつぶつ文句をいわない抑鬱病、ほとんど意識のない麻痺状態に達する。そうすれば、もう人を責めたりしない。がまんする。そのうちに心が休まる。こうして、まさに申し分のないやりかたで悲しみにうちかつことになる。祈りというものが目ざしてきたのはこれだ。どうしてなかなかうまいことを発見したものである。測り知れない大きさをもつ対象を前にして、すべてを知り何一つ見落とさない知恵を前にして、理解を越える威厳を前にして、うかがい知れない正義を前にして、敬虔《けいけん》な人は、考えることを放棄した。ひたむきな祈りを行なうことによってまもなく大いにうるところがなかったためしは、おそらくあるまい。憤怒にうちかつこと、これは、たいへんなことだ。だが、それだけではない。祈ることによってやがて人は、自分の不幸を数えあげる想像力をしびれさせるアヘンを、自然に服用するにいたるのである。

一九一一年二月六日

六　情　念

情念の方が病気よりも耐えがたい。その理由はおそらくこうなのだ。つまり、情念というものは、すべてわれわれの性格や思想から由来しているように思えるとともに、同時に、必然性のしるしを帯びているからである。身体の怪我《けが》で苦しむときには、われわれはそこにわれわれをとりまく必然性の刻印をみとめる。苦痛をのぞいては、万事不都合はない。目の前にある対象が、姿や物音、それに匂《にお》いなどで人に恐怖または欲望のはげしい感情をひきおこさせるときには、人は心の平衡をとりもどすために、それらの対象を非難することも、それらから身をさけることもできる。しかし情念に対しては、人はなすすべがない。愛するにせよ、憎むにせよ、必ずしもある対象が眼前にある必要はないからである。わたしは詩をつくるときのような心の働きによって対象を想像し、変化させさえする。すべてがわたしをそれへつれもどす。わたしの理屈が詭弁《きべん》的なものであっても、それでもわたしには正しく思われる。急所急所になると、わたしの智恵の働きは、たちまちぴたり冴えてくる。心の乱れによってもそれほど苦しまなくなる。ひどい恐怖を感じていちもくさんに逃げ出す。そのとき、自分のことなんぞは、ろくろく考えはしない。ところが、恐怖を感じたという恥ずかしさは、他人にそれを恥じろといわれれば、怒りあるいは文句に変わることだろう。とりわけ、たったひとりで、とくに夜、いやおうなく休息しているときなどに、自分の恥ずかしさを見つめてみると、たまらなくなる。他にすることもなく、やむをえず、いわばのがれようもなく、じっくりと思いのままに恥ずかしさを味わわざるをえないからだ。自分で放った矢がすべて自分の上にもどってくる。あなた自身があなたの敵なのだ。情熱家は自分は病気でないと確信し、さしあたり幸福に暮らす上に不都合なことは何もないと確信したときには、こう考えるようになるものである。「情熱が、おれ自身だ。そして、それはおれより強い」。

情熱のなかには常に多少の悔恨と恐怖がある。そしてそれが当然だとわたしは思う。たとえば、人はこんなことを自問する。「どうしておれはこうも自分を抑えることができないのだろうか？同じことを性懲りもなくくりかえさなければならないのだろうか？」ここから屈辱感が生じる。だが、恐怖にしろ同じことだ。たとえば、人はこう自問する。「おれの考えそのものがだめになったのだな。おれの考えそのものが、おれ自身に反対しているのだから。おれの考えをあやつるこの魔法の力はなんだろう」。でるべき場所に魔法がでてきたというわけだ。わたしの見るところでは、それは情念の力、または奴隷《どれい》根性である。これが、秘教的な魔力、つまり、人間の目や言葉を通して人間の運命を啓示してみせる密儀の力が世の中にあるという考えに人間を導くものである。情熱家は、自分を病気と判断することができず、何ものかによってのろわれたものと判断する。そして、この観念がどこまでもひろがって行ってかれ自身を苦しめるもととなる。どこにもありはしないこの激しい苦痛は、だれがこれを説明しえようか。刻々激しくなって終ることのない責任を目の前に見る思いをするからこそ、人は逆に喜んで死におもむくことになるのだ。

多くの人々がこれについて書いた。ストア学派〔前三世紀初頭ゼノンがアテネに開いた哲学派。特に徳の実践的面を重んずる倫理学によって有名。理性を人間の本性と見なし、その理性にしたがって、情念に動かされることなく、克己超然として生きることを最高善・徳とした〕の人々は恐れと怒りを抑えるための見事な議論をのこした。デカルトもその『情念論』のなかでそれと同じことをひたすら追求した。その意味でかれこそ最初の第一人者であり、かれみずからそれを誇りとしている。情念というものは、全く人間の思考によって発動するものであるにもかかわらず、同時に人間の肉体のなかに生じる運動に依存するものであることをかれは示した。夜の静けさのなかに、全く同じ観念がいくつもいくつも生き生きとよみがえって人間を訪れてくるのは、血液の運動によるものであり、また、神経や脳髄のなかをめぐる何であるかよく判らない液体の運行によるものである。この肉体の動きを、普通われわれは見落としている。その結果しか見ていない。あるいは、それが情念に由来するものと考えている。ところが実は、肉体の動きこそが、情念をはぐくむのである。このことをよく理解したなら、夢にせよ、夢よりももっと不自由なもう一つの夢である情念にせよ、そんなものについて気のきいた考察をめぐらした夢判断などしないですむだろう。自分を責めたり、のろったりする代りに、人間のすべてが従わざるをえない外部的な必然をみとめるだろう。そして、心のなかでこう言うだろう。「わたしは悲しい。なにを見ても物悲しくみえる。しかし、できごとがこれに関係があるわけじゃない。わたしのものの考え方もなんの関係もない。そうではなくて、わたしの身体が独特な理屈をこねたがっているのだ。胃袋の自己主張の意見なのだ」。

一九一一年五月九日

七　神託のおわり

わたしは人の手相をよく見た砲手のことを思い出す。かれの生業はきこりで、その野生の生活のために些細な物の姿の意味をただちに解きあかす能力を身につけるようになった。わたしの想像では、かれは魔法使いかなにかのまねをして、手相を見はじめたのだと思われる。そして、ちょうどわれわれがだれでもまなざしや顔の皺から読みとるように、かれは手のひらから考えを読みとったのだ。クレール・シェーヌの森〔第一次世界大戦の陣地。志願して出征したアランはここに砲兵将校として一年間駐屯した〕や、一本のろうそくのあかりのもとに、かれは自己の寺院と威厳をふたたび見出し、人々の性格についてほとんど常に慎重で正確な判断を下し、また、各人の近い将来と遠い未来を予言した。だれひとり笑うものはなかった。そして、わたしは後になってある機会に、かれの予言の一つが正しかったことを知ったことがある。おそらくそのとき、わたしは記憶になにものかをつけ加えたのであろう。できごとのうちに予言の結果を見つけることは楽しいことだからである。この記憶になにものかをつけ加える想像力の働きは、あらためてわたしに忠告を与え、わたしはいつも用心ぶかさを、失わないできているのだということを、あらためて思い知らせてくれた。わたしはかれにもほかのだれにも、自分の手筋を見せたことがなかったからである。無信仰の力のすべては、断じて神託にうかがいを立てまいとするところにある。一たんうかがいを立てたとなると、少しは信用しないわけには行かなくなる。キリスト教の革命を示す神託時代の終息は、小さからぬできごとなのである。

ターレス〔前六世紀ギリシャ七賢人の一人で、ミトレス派の創始者。ギリシャ最初の哲学者。幾何学、天文学にも通じ前五八五年の日蝕を予言し、政治的にも活躍した〕、ビアス〔前六世紀ギリシャ七賢人のひとり。正義で有能な弁舌家として知られる〕、デモクリトス〔ギリシャの哲学者（前四六〇―三七〇年頃）で、師レウキッポスの原子論を発展させ、当時のプラトンの観念論に対立する唯物論哲学の体系を仕上げた〕その他古代の有名な老人たちは、髪の毛が薄くなりはじめたころには、おそらく血圧はどうみても満足とはいえない状態にあったことであろう。だが、かれらはそれを少しも知らなかった。このことが少なからざる利益であった。テバイドの隠者たち〔エジプトの一地方テバイドの砂漠に隠棲した最初のキリスト教の隠者たち〕は、さらに好都合であった。かれらは死をおそれるかわりに、死を希望していたため、たいそう長生きしたのである。不安と心配とを生理学的に、しかも立ち入って研究してみれば、これらがほかの病気につけ加わってそれを昂進《こうしん》させる病気であることがわかろう。したがって、自分が病気であることを知り、それもまず医師の御神託によって知る人は、病気は二重なわけだ。心配がわれわれを食養生と投薬によって病気にうちかつようにしむけることを、わたしはよく知っている。だが、どんな養生、どんな薬がその心配自体をいやしてくれるのであろうか。

高所でわれわれをおそうめまいは、本物の病気である。だが、これはわれわれが足を踏みはずした人間の墜落と死にもの狂いな動きをまねるところから生ずる。この病気は全く想像によるものである。受験生が突然おそわれる腹痛も同じことである。下手《へた》な答えをしやしないかという心配がひまし油にも等しく激しく作用する。このことから絶えざる心配がどういう結果をひきおこすか、考えてみるがいい。恐怖心の働きが自然に病気を重くすることに思い至らない限り、用心深さに対して用心深くなれはしないものである。眠れないことをおそれる者は眠りに適した状態にはないのである。胃のことを心配する者は消化に適した状態にはないのである。だから、病気のまねをするより、健康のしるしは健康にふさわしい運動にほかならぬ、ということの定理から、礼儀正しい、親切な立ち居ふるまいが健康に結びつくものであることは断言できる。したがって、悪い医者とは、患者が自分の病気に関心をもたせたいと願うほど、患者から好かれる医者のことであろう。そして、良医とはこれと反対に、型どおりに「ぐあいはどうですか」とたずねはするが、返事なんかききもしない医者のことだ。

一九二二年三月五日

八　想像力について

なにかちょっとした事故に遭った人の顔の傷を、医者が縫ってくれるとき、手術の道具にまじって気つけ用のラム酒が一杯おいてある。ところで、たいていの場合、このラム酒を飲むのは患者でなくて、付添人の方である。付添人は、手術について覚悟ができていないので、まっさおになって気を失うのだ。このことから、人間性探究家《モラリスト》ラ・ロシュフーコーのいうところとは逆に、われわれは必ずしも他人の不幸に耐えるに足る力をもっていないことがわかる。

この実例はとくと考えてみる価値がある。これは、われわれの常日ごろもっている意見とは無関係に現われるあわれみの心のあることを示す例だからである。血のしたたるところや、針が皮膚のなかになかなか入らないで曲るさまを目のあたりみると、恐怖が身うちにひろがってくる。見ている方が自分自身の血が流れでるのを何とかとめようとしたり、自分自身の皮膚をこわばらせて針をふせごうとしたりするような、そんな状態に思わずなるのである。この想像力の働きは思考によってはうちかてない。この場合の想像力には思考が欠けているのだから。知恵の思考の道理は明白であり、だれにも容易に理解できる。たしかに傷をうけたのは付添人の皮膚ではない。

だが、この道理は目の前のできごとに対してはなんのはたらきももちえない。したがって、ラム酒の方がずっと説得力があるというわけである。

そこからわたしは次のことを理解する。人間同士というものは、ただ目の前にいるというだけで、また感覚や情念を表面にあらわすということだけで、お互いに対して大きな力をもつものであるということだ。わたしのいま目の前に見ているものは何だろう、どういうことだろうとわたしが考えすすめて行こうとする前に、はやくもわたしのなかから、あわれみ、恐怖、怒り、涙などが湧きでるのである。おそろしい傷を見ると、見ている人の顔色が変わる。するとその変わった顔色を見る第三の人に、恐怖が伝わり、第三の人は、顔色を変えた人がいったい何を見たのかを知らないうちに、早くも横隔膜のあたりに胸苦しい衝撃をうけるのである。そして、どんな才筆による描写にもまして、この恐怖した顔はこれを見る人を恐怖させる。表情の与える衝撃はじかでなまである。したがって、人があわれみを感ずるのは、わが身のことを考え自分を相手の立場に置いて見るからだなどというなら、それはたいへん下手《へた》な説明だということになろう。そんな反省が起こるにしても、それはあわれみを感じたあとのことである。人間同士の身体は相手の身体のまねをしてただちに苦痛に応じた行動をおこすのである。そのためまずなんともいえず不安になる。人は自分に、まるで病気のようにやってきたこの心の動揺はなんだろう、と聞きただす。

めまいもやはりこの理屈でうまく説明がつくだろう。人は深い淵《ふち》のまえに立つと、落ちるかも知れないと考える。しかし、手すりにつかまっていれば、反対に落ちることはあるまいと考える。それでも、同じようにめまいにおそわれ、かかとから首筋に戦慄《せんりつ》が走る。想像のもたらす影響はいつでもまっ先に肉体に生ずる。わたしは、死刑を執行される一歩手前の夢をみたという人の話をきいたことがある。かれは死刑になるのが自分なのか他人なのかわからなかったし、その点べつにはっきりさせようとも考えなかった、という。ただ首筋に痛みを感じただけであった。まじりけない想像とはこのようなものだ。肉体から切りはなされた魂というものは、寛大で情深いものと考えられがちだが、実はその逆であろう。肉体がないから同情や共感をしないのではなかろうか。生きた肉体の方がずっと高尚である。それは観念によって苦しみ、行動によって癒《い》える。そこには全く混乱がないというわけではない。しかし、また、本当の思考というものは、論理のむずかしさのほかに克服しなければならぬものをもつ。そして、その混乱の名残こそが、思考を美しくするものなのだ。この思考の英雄的行為を果たすにあたっての肉体の役割、それが隠喩というものである〔隠喩（メタフォール）。一つの観念をあらわすのに別の具体物をもってする表現法。例。やつは狐だ（悪がしこい奴だ）〕。

一九二三年二月二十日

九　精神の病い

想像力はむかしの中国よりも酷《むご》い。それが恐怖を調合する。それがわれわれに恐怖をじっくり味わわせる。実際の惨事は二度と同じところをおそうことはない。一撃で犠牲者を押しつぶしてしまう。一瞬まえには、その人はわれわれと同じで、惨事のことなどまるで考えていなかった。散歩している人が自動車におそわれて、二十メートルもはねとばされ、即死する。惨劇はそれで終わりだ。はじめもなければ、続きもない。持続が生まれるのは反省によってである。

それゆえ、わたしは事故のことを考えるとき、たいへんまちがった判断をする。わたしは、たえず今にも押しつぶされようとしていて、しかも決して押しつぶされることのないような人間として、判断しているのだ。わたしは自動車がやってくるのを想像する。実際には、もしこんなものを見たら、わたしは逃げるだろう。だが、わたしは逃げない。わたしは轢《ひ》かれた人間の立場に自分を置いているからだ。わたしは自分が轢かれるのを、まるで映画の場面のように思いうかべる。しかも、スローモーション映画のように、そして、ときどき止めたりしてながめる。またはじめから見なおす。千度も死んで、ぴんぴん生きている。健康な者にとって病気が耐えがたいのは、まさしくかれが健康だからだ、とパスカルは言った。重い病気にかかって衰弱すると、しまいには直接的な痛みのほかにには病気を感じなくなる。できごとというものは、たとえそれがどんなに悪いできごとであっても、それは可能性の働きを終わらせる、それが一度やってきてしまえば、もう二度とやってくることはない、したがって、それはわれわれに新しい色どりをもった新しい未来をさし示す、といういい点をもっているものである。苦しんでいる人間は、平凡な状態をも、まるですばらしい幸福ででもあるかのように希求する。人間は自分で考えているより賢明なのである。

実際の不幸は、まるで死刑執行人みたいにわれわれのところにすばやくやってくる。われわれの髪を切り、シャツの襟《えり》を三日月にくりぬき、腕を縛り、身体を外に突きだす。それがわたしに長時間のように思われるのは、わたしがあとからそのことを考えるからであり、そのことを何度も考え直すからであり、あらたに鋏《はさみ》の音をきこうと努め、ふたたび自分の腕をおさえている手下たちの手を感じようと努めるからである。実際の場合には、一つの印象が他の印象を追いはらう。そして、死刑囚の実際の心は、胴切りにされた虫のように戦慄そのものであるに違いない。われわれはずたずたにいくつもの断片に切られた虫が苦しむものと考えがちだが、それでは、虫の苦痛はそのどの断片のなかにあるのだろうか。

子供にかえった年寄や、「廃人」のようになったアル中患者の友だちに会うことはつらいものだ。なぜつらいのかというと、かれらに今のままでも生きていてもらいたいと同時に、今のままでは生きていてもらいたくないからである。しかし、自然は着実に歩み、その歩みはさいわいなことに、とりかえしがつかない。新しい状態はそれに続く新しい状態を生み出す。あなたが悲痛を一個所にかきあつめても、それは時の路上にばらまかれるのである。いまこの瞬間の不幸は、ただこの瞬間の不幸であるにすぎず、次の瞬間には不幸となるとは限らない。老人とは、老朽になやむ若者のことではない。死人とは、死んでいる生者のことではない。

つまり、死におそわれるのは生者のみであり、不幸の重荷を心に感ずるのは幸福な人たちのみなのである。したがって、人はたとえ偽善者でなくとも、自分の行なっている悪よりも他人の行なっている悪の方に敏感であるということが、まま起こるのである。そこから人生についての誤った判断が生まれる。気をつけないと、それが人生を毒する。そんな悲劇を演じてはならない。そのためには、真実の知恵を働かせて、力いっぱい現在の真実を把握しなければならない。

一九一〇年十二月十三日

十　気で病む男

ほんのちょっとしたことが原因で、せっかくの一日をだいなしにすることがある。たとえば、靴に釘が出ているといった場合である。こんなときには、なに一つおもしろくないし、頭はぼんやりしてうまく働かない。だが、その療法は簡単なのである。こういう不幸はすべて、着物のように脱ぎすてることができる。われわれはそのことをよく知っている。そして、こういう不幸は、原因を知ることで、今すぐにでも軽くできる。ピンのさきがささって痛がっている乳呑児《ちのみご》は、まるでどこかがひどい病気にかかってでもいるように、大声をあげて泣き立てる。乳呑児は原因のことも、療法のことも考えられないからである。時には、泣きさけぶために身体の調子がわるくなり、そのためいっそうひどく泣きさけぶ。これこそ、気で病む病と呼ばれるべきものだ。これもほかの病気同様、本物の病気なのである。この病気が気で病む、想像力による病であるというのは、ただただそれがわれわれ自身の心の動揺からつくり出されているのにわれわれがそれを外的な事柄のせいであると思っているという点にある。泣きわめくことでみずから苛立《いらだ》つのは、なにも乳呑児ばかりではないのである。

人はよく、不機嫌《ふきげん》というのは病気みたいなもので、どうにも手に負えないものだ、という。わたしが、きわめて簡単な動作ですぐにとりのぞくことのできる苦痛や苛立ちの例をこの文章のはじめに、あらたにまたとりあげたのは、そのためである。ふくらはぎがひきつると、どんなにがっしりした大の男でも悲鳴をあげることは、だれでもが知っている。そんなときには、足のひらを平らにして地面に押しつけなさい。立ちどころになおる。ブヨや炭の粉が目に入った場合、こすりでもしようものなら、二、三時間はいやな目にあう。そんなときには、両手はそのままにして動かさないで、鼻先をながめていなさい。すぐに涙が出てきて不快な目にあわずにすむ。この簡単きわまる療法を知ってから、わたしは二十度以上もためしてみた。これは、はじめから自分の周囲の物事のせいにしないで、まず自分自身に気をつけることが賢明であるということの、なによりもの証拠である。ひとをみていると、ことさらに不幸を好んでいるように見うけられることがある。これはある種の狂人たちの場合にいっそう拡大された姿で現われる。なにか神秘的であると同時に悪魔的な感情が、そこに働いているのだと考える人もでてくるかもしれない。だが、それは想像力にだまされている人だ。自分自身をひっかきむしっている人間にあるのは、それほどの心の深淵でもなければ、苦悩への嗜好でもなく、むしろ、悩ましさを引きおこしている真の原因を知らないことからくる、ときほぐしがたい焦燥と動揺なのである。馬から落ちることの恐怖は、落ちまいとして下手《へた》にじたばたすることから生ずる。そして一番わるいことには、じたばたすることが馬をこわがらせるのである。そこでわたしは、スキタイ人〔北欧および北アジアを遊牧した古代の蛮族〕

流にこう結論したい。乗馬術を心得ている人は、あらゆる知恵、もしくはほとんどあらゆる知恵を身につけている、と。それに、落ちるには落ちる術がある。よっぱらいは、うまく落ちようなど少しも考えないくせに、それでもうまく落ちるのだから、驚いたものだ。消防士は、落ちたって平気の平座であるから、見事なものだ。もちろん落ちる訓練をうけ続けてきたからである。

微笑は、不機嫌に対してはなんらなすところがなく、効果もないように見える。だから、われわれは少しもそれをやってみようとしない。しかし、礼儀というものは、しばしばわれわれからむりに笑いやしとやかな挨拶をひきだす。するとわれわれは全く変わってしまうものである。生理学者はその理由をよく知っている。つまり、微笑というものは、あくび同様身体の深い下の方まで降ってゆき、次々と喉《のど》や肺臓と心臓をゆったりさせるものなのである。医者の薬箱のなかにだって、こんなにはやく、こんなにうまいぐあいにきく薬はあるまい。一たび微笑がおこると、肺臓と心臓をゆったりとさせる緊張緩和作用が生じて、そのために想像力の呪縛の苦しみから人間は解放されるのである。そして想像力のひきおこす病気が実在するのであってみればこの緊張緩和作用だって、決してそれに劣らぬ程度に実在するのだ。また、のんき者らしく見せかけたい人は、首をすくめることを知っている。この動作は、よく考えてみると、肺臓の空気を入れ替え、あらゆる意味での心臓（クール）をしずめるものだ。あらゆる意味での、というのは、心臓〔フランス語でクール（le coeur）。これには、心臓という意味から派生して心、胸、上腹部、気持、気分、心情、良心、記憶、勇気、感情、関心、愛情、中心、などの意味がある〕ということばにはいくつもの意味があるからである。

一九二三年九月十一日

十一　医薬

学者はいう。「わたしはたくさんの真理を知っている。そして、自分の知らない真理についてもじゅうぶん考えをまとめられる。わたしは機械というものを知っている。したがって、ちょっとしたこころくばりと二、三分の注意を怠ると、なぜねじどめが跳ねて全体がこわれてしまうか、をも知っている。いつだって、適当なときに技術者に相談しないからなのだ。それゆえわたしは、自分の時間の一部をさいて、わたしの身体というこの組立機械の監督にあてている。したがってまた、摩擦やきしみの徴候があるとすぐ、病んでいる部分、あるいは病んでいると思われる部分を専門家に見せて、しらべてもらっている。かの有名なデカルトの教えにしたがって、わたしはこうした配慮により、不慮の災いは別として、父祖たちから受けとった組立機械が許すかぎりの寿命をたもてる確信をもっている。これがわたしの知恵だ」。かれはそう語った。しかし、その生活はみじめだった。

読書家はいう。「わたしは、軽信の人々の生活をわずらわしいものとしたたくさんのまちがった観念を知っている。その誤謬《ごびゅう》から、わたしは現代の学者のあまり知られない重要な真理をいくつも学んだ。わたしが読書を通じて学んだところによれば、想像力がこの人間世界の女王である。そして偉大なデカルトはその『情念論』のなかで、想像力の原因をじゅうぶんに説明してくれた。すなわち、不安というものは、たとえわたしがこれにうちかちえたにしても、内臓に炎症をおこさせずにはおかない。不意打が心臓の鼓動を変化させないということもありえない。サラダのなかにみみずが入っているのを考えただけでも、本物の吐きけをもよおす。すべてこれらのまちがった観念は、わたしがそれを少しも信じないときでも、わたし自身の奥ふかいところ、わたし自身の生命の宿っている中心を支配して、いきなり血液と体液の循環を変えてしまう。人間の意志などのできることではないのだ。ところで、わたしが一日ごとに呑みこむ見えざる敵がどんなものであろうと、それはわたしの心臓に対しても、胃袋に対しても、気分の変化や想像力の夢想がなしうるほどのことはなしえないのである。必要なことは、まず第一に、できるだけ満ち足りた気持でいることだ。第二には、自分の肉体そのものを対象とした心配、生命のすべての機能を確実に混乱させることになるような心配を、追いはらうことである。あらゆる民族の歴史に、自分はのろわれていると思いこんだがゆえに死んだ人々が、見られるではないか。呪《のろ》い殺しというものは、呪いにかけられている本人がそのことを知らされさえすれば、きわめて立派に成功したてはないか。とすれば、最良の医者といえども、わたし自身をのろうこと以外になにができるであろうか。かれのことばだけでわたしの心臓の鼓動が変わってしまうとき、わたしはかれの丸薬からどんな効能を期待できるだろうか。わたしが医薬になにを望みうるのか、わたしはそれが少しもわからない。まるで知らない。しかし、わたしが医薬に何を恐れうるか、わたしはそれはよくわかっている。だから、わたしというこの機械のどんな故障に気がつこうと、こう考えるのが最良のなぐさめなのだ。すなわち、障害の大部分は、ほかならぬわたしの関心と心配そのものが作り出したものであり、したがって最良でもっとも確実な療法は、胃病や腎臓《じんぞう》病を足のまめ以上におそれないことだ、と。皮膚の表皮がちょっと硬《かた》くなっただけでも、胃病や腎臓病と同じくらいの苦痛を感じることがある。これこそ、忍耐が肝心というよい教訓ではあるまいか」。

一九二二年三月二十三日

十二　微　笑

不機嫌《ふきげん》というものは、結果でもあるが、それに劣らず原因でもある、とわたしはいいたい。われわれの病気の大部分は、礼儀を忘れた結果である、とさえ考えたい。礼儀を忘れるということを、わたしは人体の自分自身に対する暴力行為である、と考える。牛馬売買業という職業から動物たちを観察していたわたしの父は、人間と同じ条件におかれ、人間と同じくらい身体を酷使させられているのに、動物にはずっと病気が少ない、といい、それを不思議がっていた。それは、動物には気分というものが欠けているからである。ここで気分とは、思念によって生ずる苛立《いらだ》ちや疲れや倦怠《けんたい》を意味する。たとえば、だれでも知っているように、人間の思念は、眠りたいときに眠れないと腹を立てる。そしてその焦慮のためにこそ、また眠れなくなる。最悪の場合を心配して、不吉な空想により不安な状態をつのらせることもある。こうなると、病気がなおるどころの話ではない。

よく世間でいわれるように、大きく一息つくことが必要なときでさえ、階段を見ただけで、息をとめる想像力がはたらいて、心臓が収縮する。もともと怒りとは、咳《せき》と全く同じく病気の一種なのである。咳は苛立ちの一つの典型と見なすことさえできる。咳の原因は肉体の状態によるからである。ところが、いちはやく想像力が咳を待ちかまえ、さがし求めさえする。ちょうど身体のかゆいところをかきむしる人たちのように、ひどくすれば病気をのがれることができるだろうという馬鹿《ばか》げた考えから、わざわざ咳をさがし求めるのである。動物たちも自分の身体をかきむしって、傷だらけにすることを、わたしはよく知っている。しかし、単なる思念の働きだけで自分自身をかきむしり、情念の働きだけで直ちに自分の心臓を興奮させて、いたるところに血液をふきださせることのできるのは、人間の危険な特権である。

もう一度、情念について考えよう。これから脱《のが》れたいと思うものは、脱れてはいけない。そうなるためには、自己教化の長いまわり道を経なければならない。名誉欲に引きずられないために、名誉を求めまいとする賢者の場合と同じである。しかし、不機嫌は、われわれを縛りつけ、絞めつける。悲しみに従おうとする身体の変化に応じて、思わず人間はその悲しみを維持しようとする、ただこれだけのことのために、そうなるのだ。退屈を維持するに適した坐り方、立ち方、話し方をしている人は、苛立ちを維持するに適した態度をとる。つまり身体を硬直させる。失望落胆している人は、なにかの行動によって自分の筋肉に強い刺激と緊張と柔軟さをあたえるマッサージをしなければならないのにそうはせずに、自分の筋肉をすきなだけばらばらに解きほどいてしまう。ほとんど、車の連結をはずすようにばらばらにしてしまう。

気分に対してたたかうのは、判断力の役割ではない。判断力はここではなんの役にも立たない。

そうではなく、姿勢をかえて適当な運動をやってみる必要がある。人間の身体のうちで、運動を伝える筋肉だけが、人間の統御しうる唯一の部分なのだから。微笑したり、首をすくめたりすることが、心配事をおいはらう良策なのである。まったく容易にできるこの運動が、ただちに内臓の血液循環に変化を与えることに注意するがいい。人は随意に伸びをしたり、あくびをしたりすることができる。これが不安と焦燥に対する最良の体操である。だが、いらいらしている人は、こんなぐあいに無頓着な態度をまねてみることには、考え及ばないだろう。同様に、不眠症になやむ者は、眠ったふりをしてみることに考えつかないだろう。だが、おれは不機嫌なのだぞということを自分自身にはっきり見せつけることによってこそ、不機嫌は続いてゆく。気分とは、そんなものだ。他に知恵がないから、われわれは、礼儀作法というものにすがり、微笑の義務と強制に助けをもとめて、不機嫌をおいはらおうとするのだ。ものごとに無頓着な人間とのつきあいが大いに歓迎されるのはこのためである。

一九二三年四月二十日

十三　事故

恐ろしい墜落について、だれでもちょっとは考えたことがあるだろう。大きな馬車の車輪が一つはずれる。馬車はおそらくはじめはかなりゆっくりと傾く。すると、一瞬、深淵《しんえん》の上に宙づりになったあわれむべき遭難者たちは、この世のものならぬ悲鳴をあげる。こういう場面は、だれでもかなり容易に想像できる。なかには、夢でこういう墜落の発端と地面への激突する直前の恐怖を味わう者もあろう。しかしそれは、思いめぐらすだけの時間があるからなのである。かれらは墜落状態をまねてみる。恐怖を味わってみる。落ちるのをやめて、落ちることを考えてみるというわけだ。ある日、ひとりの婦人がわたしに言った。「わたくしったら、なんでもかでもこわいんです。そのわたしが死ななければならない日のことを考えましたら……」。幸いにして物事の勢いというものは、われわれをとらえるときには、猶予しない。瞬間と瞬間とを結びつけている鎖が断ちきられる。だから、このうえない苦しみも、目にもみえないほんの少量にすぎない。触知されもしないほどだ。恐怖は眠り薬のようなものである。クロロフォルムは意識の最高部しか眠らせないもののようである。身体の器官はそれぞれてんでに動き、かってに苦しんでいる。そのために、眠りがおとずれないのだ。およそ苦しみというものはじっとながめられたがるものだ。ながめられなければ、全く感じられないものなのである。千分の一秒だけ感じられて、たちまち忘れられてしまう痛みとはなんであるか。苦悩は歯痛と同じように、人がこれを予想し、待ちうけ、現在を中心とした前後の時間にしばらくのあいだ持続させてはじめて、存在するものなのである。現在だけというのは無いに等しい。なるほど、痛みは味わうかもしれない。しかし、実は痛みそのものよりも、痛むかもしれないという恐れの方を、人はより多く苦痛に感じているのだ。

これらの考察は、意識そのものに対する正確な分析に基づいている。そして、真実の慰めとはなにかを教えてくれる。しかし想像力は大声をあげる。恐怖をつくりあげるのはその想像力の働きである。このことを理解するには、少し経験が必要かも知れない。けれども、だれにしろ経験が全くないわけではあるまい。ある日わたしは劇場で、ちょっとした恐怖にかられて自分の座席から十メートル以上もさきまで駈けだしていったことがある。きなくさいにおいがして、だれもかれもが争って逃げ出したからである。だが、実は、こういう人波にまきこまれてどこへ行くのか、なにが起きたのかもわからず押し流されて行くぐらい、おそろしいことがあろうか。まさしくわたしはそれについてなに一つ知らなかったのだ。そのときも、あとから考えてみたときも。要するに、わたしはもって行かれただけなのだ。それに、これといって思いめぐらすこともなかったから、思いあたるものも全くなかった。予想も、記憶も、なんにもなかった。つまり、知覚もなければ、感情さえなかった。あるのはむしろ数瞬間の眠りだけである。

前線に向かって出発した晩のこと、うわさや武勇談や馬鹿げた空想などにみちたみじめな列車のなかでわたしはあまり楽しくない思いに襲われていた。そこには、シャルルロア〔ベルギーの町。一九一四年八月の末、ドイツ軍がここで勝利をおさめた〕の落武者も何人かいたが、かれらには恐怖をいだくだけの暇があった。おまけに片すみには、頭にほうたいをした死人のように青ざめた男がいた。これを見ると、戦闘のおそろしい場面が現実味を帯びてきた。話し手は言った。「やつらは蟻《あり》みたいにわれわれのところに攻めよせてきた。味方の砲火ではどうしようもなかった」。想像力は敗北した。幸い、死人のような男が口をひらいたからである。そして、アルザスで耳のうしろで弾丸が炸裂《さくれつ》して死にかけたありさまを話してくれた。もう病いは気のせいではなく本物だった。かれは言った。「おれたちは森のなかを逃げた。おれは森のはずれまで駆け出した。だがそこから先はどうなったかわからない。なんでも大気に当って突然眠りこんだようだった。そして目がさめてみると病院の寝台の上だった。そこでおれは頭から親指くらいの大きさのある破片を摘出したことを聞かされたのだ」。こうして、わたしは地獄からぬけ出したこのもうひとりのエル〔プラトン『共和国』に出てくる勇士。地獄からぬけだしてきた〕によって、想像上の不幸から本物の不幸につれもどされた。そして最大の不幸とは物事をゆがめて考えることではないか、と思った。それがわかったところで、おそろしい衝撃や骨の砕ける音を少しも思い浮かべないようになれるものではあるまい。だが、人が想像している不幸はいつも実際よりも誇張されているものだということを知るだけでも、なにほどかのことはあるのだ。

一九二三年八月二十二日

十四　惨劇

ひどい難破ののちに助けられた人たちは、おそろしい思い出をもっている。舷窓《げんそう》にせまる氷壁。一瞬の躊躇《ちゅうちょ》と希望。静かな洋上に照らし出された巨大な船の姿。船首が傾く。あかりが突然消える。続いて、千八百の乗客の悲鳴。船尾が塔のようにそそり立つ。そして、さまざまな機械類が、万雷の響きをたてて、船首の方へなだれ落ちる。そして、ろくに渦らしい渦も巻かず海底にのみこまれてゆく、船というこの巨きなひつぎ。寂寥《せきりょう》の上を寒夜が支配する。冷たさ、絶望、そして最後に救助。眠れない夜には、この惨劇が何度も何度も再現される。今ではさまざまな思い出がこれと結びついている。できのいい脚本のように、どの部分も悲劇的な意味を帯びている。『マクベス』のなかに、館《やかた》の朝、門衛が夜あけと燕《つばめ》をながめるところがある。まことに新鮮、簡潔、純粋な場面だ。しかしわれわれは犯罪がすでに行なわれたことを知っている。したがって、悲劇的な恐怖はここで最高潮に達する。同様に、難破を思い出す場合にも、一つ一つの瞬間がそれに続いておころうとしている。事柄によってくっきりと照明を与えられる。いっぱいにあかりをともして洋上に静かに、堅固に浮かんだ船の姿は、その瞬間には頼もしかったのである。ところが、かれらの難破の思い出や夢、難破についてわたしの描く想像のなかでは、それは恐怖の一瞬前の姿となる。したがって惨劇はいまや、一分また一分とせまってくる断末魔の苦しみを知り、理解し、味わう観客のために再開される。だが、実際の行為そのものには、この観客は存在しない。反省も行なわれはしない。印象は光景と同時に変化する。もっと正確にいえば、光景なども存在しない。あるのはただ、思いもよらぬ、何のことかも判らぬ、筋道もつけえない、そんな知覚の連続だけなのである。思考は一瞬ごとに難破する。一つの物の姿があらわれては消え、また別の物の姿があらわれては消える。つまり、できごとが惨劇を殺害したのだ。

感ずること、それは反省することである。思い出すことである。大小さまざまの事故に際してこれと同じことをだれでもが観察しえたところであろう。新しさ、意外さ、急を要する行動、それらのことが、注意力をすべて奪ってしまい、なんの感情も起こさない。できごとそのものを全く正直に再構成しようと試みる人は、理解することも、予測することもできず、まるで夢のなかにいるようだったというだろう。あとになってそれを考えて恐怖を感じるために、悲劇的な話をすることになるのである。だれかの病気を臨終まで看とる場合のような、大きな悲しみについても同じことがいえる。そのときは茫然としてしまって、瞬間瞬間の行動と知覚に身を委《ゆだ》ねているだけのことだ。恐怖と絶望のありさまを他人に伝えるとしても、その時には苦しかったわけではない。自分の苦しさのことばかり考えすぎる人たちが、他人を泣かせるまで自分の苦しみを語るときには、泣かせるということが、いくらか慰みになるからなのである。

それに、死んでしまった人々がどう感じたにしても、死はすべてを葬り去ったのだ。われわれが新聞をひらくまえに、かれらの苦しみは終ってしまっているのだ。つまり、かれらは治癒《ちゆ》しているのである。誰でもが、そう感じるに違いない。してみれば、実は、人は死後の生命を信じていないのではなかろうか。けれども、生き残っている人々の想像力のなかでは、死者は決して死ぬことをやめないのである。

一九一二年四月二十四日

十五　死について

政治家の死は瞑想《めいそう》の機会である。至るところににわか神学者があらわれる。だれもが自己というもの、そして死という人間共通の条件に立ちかえる。しかし、この思考そのものには対象がない。われわれは自分自身を生きたものとしてしか考えられないからである。そこで焦慮する。この抽象的で、まったくとらえどころのない死という脅威を前にしては、われわれはどうにも手の下しようがない。優柔不断は最大の悪だとデカルト〔一五九六―一六五〇。フランスの哲学者、数学者、解析幾何学の創始者、スコラ学への不満から新しい認識の方法として演繹法を提唱した。それは凡ゆる事実に対する懐疑の後に得られた《我思う故に我あり》を唯一の確実な知識とするものであり、それによって精神と物体を独立の二実体とする二元論をたてた〕は言った。ところが、われわれはその優柔不断のなかに投げこまれ、救われようがない。首をくくろうとしている者の方が、めぐまれた立場にいる。かれは釘《くぎ》とひもをえらぶ。最後の一飛びまで、すべて自分の思うがままだ。そして、痛風患者が足のうまい置き方に専念するように、どんな悪い状態にあっても、人は現実に役立つ配慮をするものだし、何かしらの試みをするものなのだ。しかし、自分が健康でありながら死を考える人間の状態は、死の危険はいつおとずれるものかは未定なのだから、実はおかしなものである。死を考えるときにおそわれる短い心の動揺は、これを規制するものも、おしとどめるものもない。裸の情念なのである。他にどうしようもなければ、さしあたり、トランプ遊びでもするがいい。そうすれば、死について無際限に考える代りに、つまり決断しなければならない時機や目前にさしせまった敗北などという、はっきり決まっている問題について考えなくてはならなくなるというものだ。

　人間は勇気をもっている。ときと場合によってではなく、本質的に人間は勇気をもっている。行動することは思いきって行なうことだ。考えることは思いきって行なうことだ。危険は至るところにある。だからといって、人間はおびえはしない。ごらんのとおり、人間はみずから死を求め、それをものともしない。しかし、人間は死を待つことができない。多忙でない人はみんな焦っているから、かなり好戦的である。かれらが死にたいからではなく、むしろ生きたいからである。そして戦争の本当の原因は、たしかに少数の者の倦怠《けんたい》にある。かれらは、トランプ遊びのもつようなはっきりした危険、限定された危険を、求めても欲しいと願っているのである。自分の手で働く人々が平和的であるのは偶然ではない。その人々は一刻一刻において勝利者だからである。かれらの時間はたえず充実しており、肯定的である。かれらは死にうちかつことをやめない。これこそ死を考える正しい態度なのである。兵士の心をとらえているのは、死の危険にさらされているという抽象的な条件ではなくて、あれやこれやの具体的な危険なのである。ことによると、戦争は弁証法神学〔カール・バルト、エミール・ブルンナーなどの神学。危機を強調するので危機神学ともいわれる〕における唯一の治療法かも知れない。この影を食う人々は、最後には必ずわれわれを戦争へとつれて行く。恐れをいやしてくれるものは、ほんものの危険以外にないからである。

人は病気になると、病気なのではないかという恐れからはたちまち癒《い》えてしまうものだ。われわれの敵はいつでも想像上のものである。つまり、つかまえどころがまるでないのだ。仮定に対しては手の下しようがないではないか。ある男が破産したとする。たちまち、なすべきこと、しかも緊急になすべきことがいくつも出てくる。こうしてかれらは、自分の生活は、まるで手もつけずにほうりっぱなしだったことに気付く。だが、革命や、平価切下げや、証券の下落などを想像しただけでたちまち、破産や零落の心配をするような人は、どうしたらいいのか。なにを望むことができるか。かれはどんなことを考えても、すぐその反対のことを考えて否定してしまう。起こるかもしれないことを考えだしたら、きりがない。さまざまの好ましからざることがたえず生まれてきて終わることがない。なんの進展もありはしない。かれのすべての行為は結局は端緒であるにとどまる。端緒どうしが互いに中断し合ったり、からみ合ったりしているだけのことだ。恐れというものは、どんな結果もうみえない心の動揺に他ならない。人間は死のことを考えるやいなや、たちまち死を恐れる。わたしもたしかにそうだと思う。なにもせず考えてばかりいるかぎり、恐ろしくないなにがあろうか。思考が裏うちのない可能性のなかに迷いこんだ以上、恐ろしくないなにがあろうか。試験のことを考えただけでも、こわくなって腹痛をおこすことがある。この腹わたの動きは、刃物で脅かされているために起こるのだと、人が考えるだろうか。考えはしない。実は、対象がないいらだちのために優柔不断が業をにやして腹に火をつけたのである。

一九二三年八月十日

十六　態度

どんな平凡な人間でも、自分の不幸をまねるとなると大芸術家になる。よく言われることだが、心がしめつけられると、人はなおいっそう自分の腕で自分の胸をしめ上げ、あらゆる筋肉が互いになおいっそうひっぱり合うようにするものである。どこにも敵などいないのに、歯をくいしばり、胸を武装し、拳《こぶし》を天にふりあげる。こういう人さわがせな動作は、外部にあらわれない場合にも、じっと動かないでいる身体の内部で下ごしらえされている。そしてそのためいっそう強力な力を発揮することとなるのだ。眠れないときには、きまりきって同じ考えが、それもたいていは不愉快な考えが、どうどうめぐりする。これに気付くと人はびっくりする。しかし、この不愉快な考えを呼びおこすのは、あの下ごしらえされた物まねなのである。これは賭けてもいい。道徳的な病気と身体の病気の初期の症状をいやすには、緊張をときほぐし、体操をすることが必要である。ほとんどこの療法で間に合うのではないかと思われる。ところが、世間の人はこの療法のことに考えおよばない。

礼儀という慣習は、人間の思考に大きな影響力をもっている。優しさ、親切、快活さなどをまねるならば、それは不機嫌《ふきげん》、さらには胃腸病に対してさえ、りっぱに手当をしたことになる。頭を下げたり、微笑したりする運動は、その反対の、怒り、不信、悲嘆などの運動を不可能にする。だからこそ、社交生活、訪問、儀式、祝祭などがいつでも喜ばれるのである。それは幸福をまねる機会である。そしてこういう一種の喜劇は確実にわれわれを悲劇から解放してくれる。これはたいしたことである。

宗教的態度は、これを医者が考察すれば役に立つものである。神の前に跪《ひざまず》き、かがみこみ、身体をやわらげると、体内の諸器官が解放され、生命の機能がいっそうなめらかに働くようになるからだ。「頭《ず》を下げよ。心おごれるシカンブルびと」〔聖レミがカトリックに改宗したフランク王クロヴィス一世に、洗礼に際して言ったことば。シカンブルは古代ゲルマニアの民〕これは怒りや慢心から癒えよと言っているのではなく、ともかく黙って、目を休ませ、柔和にふるまえといっているのである。そうすれば、性格のあらあらしさがぬぐいさられる。長期に、あるいは永久に、そうなるのではない。そんなことはわれわれの力では及ばない。そうではなくて、じきに、そしてしばしの間、ということである。おもえば宗教上のさまざまな奇跡は、奇跡でもなんでもない。

人がしつこい考えをどうやって追いはらうかを見ると、ためになる。かれは、まるで筋肉をほぐすためでもあるかのように、心配ごとを遠くへ投げすて、指を鳴らす。今もっているのとは、別の知覚や別の空想をいだこうとするのである。そのときダビデの竪琴〔ダビデはイスラエル王、詩人で予言者、旧約詩篇の作者、竪琴の名手〕がかれの心をとらえ、その身ぶりを整え、和らげて、憤怒と焦燥のすべてを遠ざけてくれるならば、抑鬱病患者などたちまちなおってしまうであろう。
わたしは、当惑したときのしぐさが好きである。人はそのとき耳のうしろの髪をかく。ところでこのしぐさはいわば一つの策略であって、もっともおそろしいしぐさの一つである石や投矢を投げるしぐさを思いとどまらせ、まぎらしてしまうという効果をもつものなのである。つまり、物まねが人を自由にするのと、しぐさが人をつりこむのとはきわめて近い関係にあるものなのである。数珠《じゅず》は、考えと手を数えることに同時に専念させてしまう感嘆すべき発明である。意志は情念に対してはなんらの支配力もないが、運動に対しては直接の支配力をもっている、という賢者となるための極意は、さらにいっそうすばらしい。人もいうように、ヴァイオリンの鳴らし方をあれこれ考えこんでいるよりは、まず手にとってひいてみることなのである。

一九二二年二月十六日

十七 体操

舞台に出るとき死ぬほど恐ろしいおもいをするピアニストも、演奏をはじめるやいなやたちまちなんでもなくなってしまうというのは、なんと説明したものだろう。演奏をはじめた時にはもう恐れることなど頭のなかにないのだ、と言う人があるかも知れない。それもまちがいではない。しかしわたしは、恐れそのものをもっと立ち入って考察し、芸術家がそのしなやかな指の運動によって恐怖をゆさぶり、これを追いはらってしまうのだと理解したい。すなわち、われわれの身体という機械ではすべてがもちつもたれつの関係にあるので、胸が楽になっていなければ、指も楽にはならない。しなやかさは、こわばりと同様、あらゆるところを侵すものである。そして、うまく統御された肉体のなかには、恐れはもう存在することができないのである。本当の歌や本当の雄弁がやはり同じように気持を落ち着かせるのは、身体中のあらゆる筋肉が刺激されて調子よく活動しだすからである。注目に価しながらほとんど注目されていないもの、それはわれわれを情念から解放するのは思考ではなくて、われわれを解放するのはむしろ行動であるということである。人は自分の思うままに考えるものではない。そうではなくて、日頃なれ親しんだ動作をするとき、筋肉が体操によって訓練されしなやかになっているとき、そんなときに人は思うままに行動するのである。心配事のあるときは、理屈を考えようとしない方がいい。理屈はあなた自身に鉾先《ほこさき》を向けることになるだろうから。それより、今ではどの学校でも教えている、あの腕の上げ下げや屈伸の運動をやってみるがいい。その結果にあなたは驚くことだろう。だから、哲学の先生はあなたを体操の先生のところへつれて行く。

ある飛行家が、草の上にねころんでお天気が晴れあがるのを待ちながら、どうにも手の下しようのない危険について考えていた二時間のあいだが、どんなにおそろしかったかを、話してくれたことがある。空中に上って、日頃なれ親しんだ器械を操縦すると、そのおそろしさは、すぐなおった。この話を思い出したのは、有名なフォンク〔ルネ・フォンク、飛行家の先駆者のひとり。第一次大戦でめざましい活躍をしめした〕の冒険の一つを読んでいたときだった。フォンクはある日、戦闘機に乗って地上四千メートルに達したとき、操縦桿《かん》がいうことをきかなくなり、墜落する他はないことに気がついた。かれはその原因をさぐり、ついに弾薬箱からぬけだしている一発の弾丸を見つけた。そのためにすべてが動かなくなっていたのだ。そして、墜落しながらそれをもとの箱へもどし、別に損害もなく機首を立て直した。この数分間のことは、思い出したり夢のなかでみたりすると、今でもこの勇敢な男を恐怖させることができる。しかし、もし、かれは今それを考えて恐怖を感じたと同じように、その瞬間にも恐怖を感じたのだ、と考える人があれば、それはまちがっていよう。われわれの肉体はわれわれにとって一筋なわでは行かない。というのは、われわれの命令をうけなくなると、肉体はたちまち指揮をとりだすからである。そのかわり、同時に二つのやり方で動くことはできないようにできあがっている。手は開いているか、握っているかのどちらかである。もし手を開けば、握ったこぶしのなかに持っていたすべての苛立《いらだ》たしい考えは逃げて行く。ただ首をすくめさえすれば、胸という鳥籠《かご》のなかに閉じこめておいた心配事がとび去ることはまちがいない。呑《の》みこむのと咳《せき》をするのとは同時にはできない。だから、わたしは咳をとめるのに、咳どめドロップを呑むのが一番だというのである。同じわけあいで、あくびをすれば、しゃっくりが止まる。だが、どうやってあくびをするか。まず、伸びやにせのあくびなど、あくびのまねをしていれば、やがてはうまいぐあいに本物のあくびができるようになる。あなたの許可もうけずに勝手にあなたにしゃっくりさせる、あなたのなかのしゃっくり虫は、こうしてあくびをする姿勢をとらされる。したがって、あくびをするだろう。これが、しゃっくりや心配事に対する有力な療法である。十五分ごとにあくびすることを命ずるような医者は、どこにもいないことだろう。

一九二二年三月十六日

十八　祈り

口を開けたままイという音を考えることは決してできはしない。やってみるがいい。もし口を開けないでいるならば、口には出そうともせず頭のなかだけで考えたイの音は、アに近い音となることを知るであろう。肉体の運動器官が想像力に反対する運動を行なうときには、想像力はたいした働きはしないことを、この実例は教えてくれる。この肉体の運動器官と想像力の関係は、人間の動作がじかに明らかにしてくれる。すべての想像された運動を現実に描き出すものが、動作だからである。怒っていれば、わたしはまちがいなくこぶしを握りしめる。これはだれでもよく知っている。ところが、人は一般に、そこからさまざまな情念を支配する方法を引き出そうとしない。

あらゆる宗教は、おどろくべき実践的な智恵を含んでいる。たとえば、不幸な人がその不幸を否定しようとしてむなしく苦心するためにかえって自分の不幸を倍加する反抗の運動をおさえて、宗教は、不幸な人を跪《ひざまず》かせ、頭を両手でいだかせる。あれこれお説教するより、これの方がましなのである。この体操は、想像力の過激状態をおさえ、絶望あるいは憤怒の作用をしばしば中断するから、体操こそ秘訣《ひけつ》だ。

　だが、人間というものは、一たび情念のとりこになると、驚くほど柔順になるものだ。こんな簡単な療法をなかなか信用してはくれない。他人から無礼な仕打ちをうけた人間は、まずそれが無礼であることを確認するため、あれこれといろいろな理屈を考えだすことだろう。かれは事態を悪化させる事情をさがしだそうと努め、そしてそれを見つけ出すことだろう。先例をさがそうと努め、そしてそれを見つけだすことだろう。かれはこう言うに違いない。これこそおれの正当な怒りの原因だ。おれは断じて怒りを静めて楽になろうとは思わない、と。これが最初の瞬間である。その次に理屈がやってくる。人間というものは驚くべき哲学者なのだから。そして人間をもっと驚かすのは、理性が情念に対してなんらの力ももちえないということである。「理屈ではいつでもそう思うのだが……」。こういうことはだれでも言う。そして、独白する主人公が自己弁護のすべてをぶちまけなかったら、悲劇としては物足りまい。また、この状態を懐疑家たちが逐一明確に描写するならば、なるほど世の中にはうちかちがたい宿命というものがあるのだなあと、読者は思うようになるかもしれない。だが、別に懐疑家が何かを発見したわけではない。もっとも古い神の観念は、もっとも洗練された神の観念と同じく、常に人間が自分は裁《さば》かれて有罪を宣告された存在であると感ずるところから生ずる。人間は、人類の長い幼少期の間、自分たちの情念は夢と同じく神々が授けてくれたものと信じていた。したがって、苦痛が軽減され、救われたと思った場合には、つねにそこに恩寵《おんちょう》の奇跡を見たのである。不安にたえかねる人は跪いて安らかさをもとめる。そして、正しくひざまずけば、つまり、怒りをとりのぞく姿勢をとるならば、かれは当然安らぎをうる。そのときかれは、慈悲深い力を感じる。そのために苦しみから救われたのだと思う。ごらんの通り、いかに神学は自然に展開されていることか。かれが何もえなかった場合には、助言者がわけなくこう言ってくれることだろう。それはあなたが正しく求めなかったからです、跪きかたを知らなかったからです、自分の怒りをあまり愛《いと》しみすぎるからです、などなど。それは神々が義《ただ》しいこと、神々が人の心を見抜かれることのりっぱな証拠である、と神学者はいうだろう。司祭も信者に劣らず素直であったというわけである。人間は人体の運動が情念の原因であり、したがって適当な体操がその療法であることに気がつくまで、長い間さまざまな情念を耐え忍んできた。そして、態度や祭儀——いや礼儀といおう——などの有力な効果を人間は知っていたから、あの改宗と呼ばれる突然の気分の変化は長い間奇跡だったのである。おそらく、迷信とは常に、当然の結果を超自然的な原因によって説明するところに存する。そして今日でも、もっとも教育ある人々でさえ、一たび情念の火のなかに身を焼かれれば、かれらが一番よく知っていることさえもう容易に信じようとしなくなるのである。

一九一三年十二月二十四日

十九　あくびの仕方

炉ばたで犬があくびをする。それは猟師たちに心配事はあしたにのばせという合図である。遠慮も会釈もなしに伸びをするこの生命の力は見て美しいものである。手本としてまねないわけにはいかない。その場にいあわせたものは、だれもかれも伸びやあくびをしないわけにはいかない。これが寝に行く序曲となる。あくびは疲労のしるしではない。むしろそれは内臓にふかぶかと空気をおくることを通して、注意力に富んだ精神、議論好きの精神に与える休暇である。人間の自然の生命力は生きることだけで満足しているのであって考えることには飽きているのだということを、あくびという強い運動によって、人間の自然の生命力がおのずと人に告げているのである。注意力を集中する場合と、不意打に驚く場合には、息がとぎれるということは、だれでもが認めうるところである。この点については、生理学が、胸部にどんなぐあいに強い防御の筋肉がくっついていて、それが動くとどんなぐあいに胸郭をしめつけ、麻痺《まひ》させることしかしないかということを示して、あらゆる疑いをとりのぞいている。そして降伏の合図である両手を高くかかげる運動が、胸郭を楽にするのにもっとも有効なものであるというのは、注目すべきことだ。しかし、これはまた、力いっぱいあくびをするための最良の姿勢でもある。このことから、あらゆる心配事がどうやって、われわれの心臓を文字どおり締めつけるか、なんか行動をおこそうとすると、それは直ちにどうやって胸郭を圧さえつけて、期待の姉妹である不安を生じさせるかがわかる。つまり、われわれはただ待つだけで不安になるのである。とるに足らぬ事を待つ場合でも同じだ。待つという この苦しい状態から間もなく、自分に対する怒りである焦燥が生じる。これではわれわれはいっこうに楽にならない。儀式というものはこうした拘束のすべてから成り立っている。それを服装がさらに重苦しくする。また伝染ということが起こる。嫌な気持というものは感染するからである。ところが、あくびもまた、伝染性儀式の伝染性療法である。どうしてあくびは病気のように人にうつるのかと不思議がる人がいる。わたしの考えでは、病気のようにうつるのは、むしろ重苦しさ、注意、それに心配な様子などである。生命の復讐であるとともに健康の恢復であるあくびは、その反対に、厳粛さの放棄や無頓着《むとんじゃく》の誇大な宣言によってうつるのだ。それはだれもが解散の合図のように待ちうけている合図である。この気楽さの誘惑にはかなわない。そのため、どんな厳粛でもまけてしまう。

笑いとすすりなきとは、あくびと同種類の、しかしいっそう控え目な、いっそう矛盾した解決法である。そこには、つなぎとめる思考と解きはなつ思考との二つの思考の間のたたかいが見られる。これに対して、あくびの手にかかると、結びつける考えでも解きはなす考えでも、すべて逃げ去ってしまう。生きることの楽しさが、それらの考えのどれをも追いはらってしまうのである。そういうわけで、あくびをするのはいつでも犬である。神経症と名づけられる気でやむ病にあっては、あくびは必ずよい徴候であるということ、これはだれでもが観察しえたことであろう。あくびは、それが予告する眠りと同じく、どんな病気にもよくきくものとわたしは思っている。あくびは、われわれの考えというものこそが常に、さまざまな病気に大いに関係があるしるしである。だが、自分の舌を嚙《か》んだときの苦痛を考えてみれば、さほど驚くことはあるまい。舌を嚙む《ス・モルドル》といういい方の比喩《ひゆ》的な意味が自分の言ったことを後悔することであってみれば、後悔と悔恨《ルモール》が傷害事件までひきおこすことがよくわかる。これに反して、あくびにはなんの危険もない。

一九二三年四月二十四日

二十　不機嫌

自分で自分の身体をかきむしるのが、最高の激昂の姿である。これは自分で自分の不幸をえらびとることに他ならない。自分で自分に復讐《ふくしゅう》することに他ならない。子供が最初このやり方をやってみる。自分が泣くことに腹を立ててなおさら泣く。腹が立っていることに苛立《いらだ》って、自分をなだめまいと決心することによって自分で自分をなだめる。それがつまりすねることである。自分の好きな人を苦しめることによって二重に自分に罰を与える。自分をこらしめるために自分が愛している人をこらしめる。知らないことを恥じて、もう決して読むまいと誓う。強情を張ることに強情を張る。憤然として咳《せき》をする。記憶のなかにまで屈辱をさがす。自分で自分の感情をとげとげしいものにする。自分を傷つけ、自分を侮辱することを、悲劇役者の演技力でもって自分自身に向かって繰り返し語りかける。最悪のものこそが真実であるとの規則にしたがって、物事を解釈する。自分を意地悪な人間に仕立てあげるために、無理に意地悪な人間気取りで行動する。信念もなしにやってみて、失敗すると、「賭《か》けるんだったたな。たしかに勝つ手だったんだから」などと言う。だれもがいやになる顔をし、また他人たちをいやがる。いっしょうけんめい人を不愉快にしながら、気に入られないのを不思議がる。むきになって眠ろうとする。どんな悦びでも疑ってかかる。何事につけてもうかぬ顔をし、何事にも反対する。不機嫌から不機嫌をつくり出す。そういう状態で、自分を判断する。「おれは臆病者《おくびょうもの》だ。おれは無器用だ」。「おれはもの覚えがわるくなった。おれは老《ふ》けこんだ」などと思いこむ。わざわざいやな顔をつくって、鏡でその顔を見る。これが不機嫌の罠《わな》というものである。

　だからこそわたしは、「身を切るような寒さだ。健康にはこれが一番だ」という人々を軽蔑《けいべつ》しない。これ以上よい態度があろうか。風が東北から吹いてくるときには、手をこすり合わせることが二重の効果をもつ。この場合、本能は知恵と同じだけの有効な働きをし、肉体の反抗が人に喜びを教えてくれる。寒さに抵抗するしかたは一つしかない。寒さに満足することである。よろこびの達人であるスピノザ流にいえば、「わたしが満足しているのは暖まったからではない。満足しているから暖まるのである」。だからいつでもこう考えなければならない。「成功したから満足しているのではない。満足していたから成功したのだ」と。もしよろこびをさがしに行くなら、まずよろこびを蓄《たくわ》えることである。手に入れるまえにお礼をいうがいい。希望というものが希望する理由を生み出してくれるのである。良い前兆が、本物の良いものを導きだしてくれるのである。それゆえ、すべてが良い前兆であり、好ましいしるしでなければならぬ。「からすのお告げも、きみの気持次第で前兆となる」とエピクテトス〔後期ストア派の哲学者。ローマで奴隷だったが後に解放され、実践本位のストア哲学を講じた。弟子の編した『語録』四巻が残存〕は言った。そしてかれの言わんとしたのは、すべてをよろこびとなすべし、ということにとどまらず、むしろよい希望はできごとを変化させるがゆえにすべてを本物のよろこびにする、ということである。自分でもいやになっているいやな人間に会ったら、まず笑顔《えがお》を見せなければならない。そして、眠りたいと思うなら、眠れると確信するがいい。要するに、だれにとっても、この世でもっとも恐るべき敵は自分自身を措いて他にはない。この章の冒頭のわたしの文章は、じつは一種の気狂いについて語ったものに他ならない。しかし、気違いとはわれわれの誤謬《ごびゅう》の拡大されたものにほかならない。どんな小さな不機嫌の動作のなかにも被害妄想狂の縮図がある。被害妄想狂は人間の反応をつかさどる神経器官の目にみえない小さな傷害に起因することをわたしは否定するものではない。焦燥というものは、必ずどこかに出口をもとめて、ために必ずどこかを傷つけずにはおかないものなのである。ただわたしは狂気のなかにわれわれの教訓となるものを認めるのだ。それは誤解のおそろしさということである。それを、気狂いの人は虫めがねで見るかのように、大きく拡大した姿で見せてくれるのだ。このあわれな人々は自分で問いを発し、それに自分で答えている。ドラマ全体を自分だけで演じている。魔法の呪文《じゅもん》だ。ききめは、必ずあらわれるというものだ。だが、なぜであるかを、理解しなければならない。

一九二一年十二月二十一日

二十一　性格

だれでも、風向きや胃のぐあいで、不機嫌《ふきげん》になる。戸を足で蹴るものがあるかと思うと、足で蹴るのに劣らず意味のないことばでわめきちらすものもある。偉大な魂は、こうしたできごとを忘却のなかに捨て去ってしまう。やったのが他人であっても自分であっても、完全に許してやる。そんなことは決して気にかけないからである。ところで往々にして、人は不機嫌を是認して、不機嫌の正当性をつよく持ちあげたりする。そうして、人は自分の性格を形づくるのだ。自分がある日だれかに対して不機嫌になったということから、その人を好かなくなる。ほんとうは、不機嫌になった自分を、まず許してやらねばならないのだ。ところが、それがほとんど行なわれていないのである。だが、他人を許そうと思うならば、自分を許すことこそ第一条件なのである。逆に、際限のない後悔は、しばしば他人の過失を拡大する。こうして、だれもが自分で考え出した不機嫌をひきずりまわしては、「おれは不機嫌なんだ」と言う。だが、そんな言辞は、実は自分の知らない世界のことを語っているのにすぎないのだ。

匂《にお》いががまんならないことがある。花束だとかオーデコロンだとかに対する不機嫌は、決して長続きするわけのものではない。それなのに、ほんのちょっとした匂いをもさがし、嗅《か》ぎつけて、これでは今に頭がいたくなる、と文句を言う。これはよくあることだ。人は、煙があれば咳を口から出すようになにかがあれば、文句を口から出す。こういう家庭の暴君についてはだれでも知っている。不眠になやむ人は、少しも眠れないと言い張る。どんな小さな物音も耳について目がさめてしまう、と言い張るのは、実はその人はあらゆる物音を窺《うかが》っていて、家中のものを責め立てようとしてまちかまえているからなのである。しまいには、眠ったことにまで腹を立てるようになる。自分自身の眠らないという性格に対して監視を怠ったから眠ってしまったんだとでもいうように。人はどんなことにも夢中になれるものだ。わたしはこの目で見たことがあるのだが、トランプに負けることにまで夢中になる人がいるのだ。

記憶力を失ったとか、失語症にかかったとか思いはじめている人々がある。記憶喪失症や失語症の証拠は、さがすまでもなく、すぐに見つかる。そして、このまじめくさった喜劇が、往々にして悲劇にかわる。本物の病身とか年のせいとかは否定しようもない。しかし、なにかというと徴候をさがして苦もなくそれを見つけだすおそるべき強情な精神を病人が持っていることは、つとに医者たちの知るところである。情念の全部、それから病気、とりわけ精神病の大部分はこの精神が強大になったために生じたものである。だからこそシャルコー〔ジャン＝マルタン・シャルコー（一八二五—九三）、科学アカデミー会員病理解剖学者および臨床医として知られる〕は、かれの婦人患者が自分でいうことは、全然信用しなかったのである。ある種の病気は、医者がそれを信じないことで、消滅した、あるいはほとんど消滅した、と言えるのである。
ひところ有名だったフロイトの巧妙な学説がもはや信用を失っているのは、不安におびえている人間、スタンダール流にいえば自分の想像力を敵として苦しんでいる精神に対しては、どんなことだってたやすく信じさせうるということによってである。この学説の基礎をなしている性の問題は、人が性を重要視するからこそ、そしてまた人が先刻了解ずみの野性的な詩情を性から汲みだそうとするからこそ、問題となりうるのだということについては、今は触れない。それに、医者の考えを知ることは、患者に決していい影響を与えるものではない。このことはだれでも知っている。それにくらべて知られていないのは、患者はこの医者という他人の考えをただちに見抜いて、それを自分の考えとし、それによって間もなく、どんな壮麗な仮説でもたちまち証明してみせるということである。こうして、ある種の思い出が全部失われてしまっているというおどろくべき記憶喪失症が編みだされ、証明された。強情もまた、病気のうち、ということは忘れられていたというわけである。

一九二三年十二月四日

二十二　宿　命

われわれはどんなことも、腕を伸ばすことさえも、自分ではじめられない。だれも神経や筋肉に命令を与えはじめるわけではない。そうではなく、運動がひとりでにはじまるのだ。われわれの仕事は、その運動に身を委《ゆだ》ねて、これをできるだけうまく遂行することである。つまり、われわれは決して決定はせず、常に舵《かじ》をとるだけである。たけりたった馬の首を向けなおす馭者《ぎょしゃ》のようなものだ。しかし、たけりたつ馬でなければ首を向けなおすことはできない。馬が活気づき、走り出す。馭者がこの突進に方向をあたえる。これが出発ということである。同様に、船も推進力がなければ舵にしたがうわけには行かない。要するに、どんなしかたでもいいから出発することが必要なのだ。どこへ行くかはそれから考えればいい。

選択をしたのはだれか。わたしはそれを尋ねる。だれも選択したものはない。われわれははじめみんな子供だったのだから。だれも選択はしなかった。だれもがまず行動したのだ。仕事や職業の適性は自然と環境とから生ずる。つまり、思案する者はけっして決定しはしないのだ。学校でやる分析ほどばかげたものはない。動機だの動因だのをあれこれと考える。だから、文法家のにおいのする観念的な伝説が、徳と悪徳との選択を迷っているギリシャ神話の英雄ヘラクレスを描き出したりするのだ。ところが、だれも選択などしはしない。みんな歩いているのだし、どの道もまちがっていない。この世を生きる秘訣《ひけつ》は、わたしの見るところ、なによりもまず、自分のした決心や自分のやっている職業について決して自分自身と喧嘩《けんか》しないことだ。そうではなくて、自分の決心や職業をちゃんとやってのけることだ。われわれは、自分がしたわけでもないのにすでになされているこの選択のうちに、宿命を見たがるものである。しかし、この選択はわれわれを少しも拘束しない。悪い運などというものは、ありはしないのだから。良くしようと思えばどんな運もよくなるものなのである。自分の性質についてかれこれいうことほどだらしのないものはない。だれも自分で自分の性質を選択できはしないのだ。だが、人間の性質というものは、どんな野心家でもじゅうぶん満足させるほど豊かなものなのである。必然を力と化することこそ、りっぱで偉大な仕事なのだ。

「学ばざりしぞ口惜しき」。これは怠け者の言いわけである。それなら勉強するがいい。たとえむかし勉強したとしたところで、今はもう勉強しないのなら、それはたいしたことではないとわたしは思うのだ。過去に期待をかけるのは、過去を嘆くのと全く同様愚かなことだ。できてしまったことなら、それに安んじうるのがいちばん立派であるし、それを生かしえないのが一番醜悪なのである。それどころか、不運に身を委ねるより好運に身を委ねる方がむずかしいとさえ、わたしは考えたいくらいである。あなたの揺籠《ゆりかご》がすばらしい妖精《ようせい》たちで飾られたら、用心するがいい。わたしがミケランジェロのような人をりっぱだと思うのは、自然の力をうばいかえして、容易な生活を困難な生活と化すあの激しい意欲のゆえである。このぶあいそうな男は、なにか学ぼうとして学校へ行ったときには、すでに髪が真白であったと伝えられている。これは、発奮するのにはおそすぎる時はないということを優柔不断の人に教えるものである。船乗りに向かって、最初の舵の動かし方一つで一航海全部が左右されるなどと言って、笑われないことがあろうか。それなのに、世間では子供たちにそう教えこもうとしている。しかし幸いにして、子供たちはほとんどいうことをきかない。もし子供たちが、宿命についてたわけた固定観念をいだいて一生を空しく遊びくらしたら大変なことだ。こういう有害な観念は、子供のころには別にどうということもないが、あとになって害をおよぼす。それは弱者の言いわけであり、弱者をつくるものにほかならないから。まことに宿命とはメドゥーサの頭《こうべ》〔メドゥーサはギリシャ神話の怪物、その顔つきの恐ろしさは、これを一目みたものをすべて石化にしたという〕である。

一九二二年十二月十二日

二十三　予言的な魂

　ある、あまり名の知られていない哲学者が、いわば受身のかたちでじっと注意を傾けている状態、つまり、われわれの考えがちょうどポプラの木の葉のように世のあらゆる力に身をまかしている状態を、予言的な魂と名づけようとしたことがある。それはじっと耳を澄ましている魂である。いわば、敵の打撃の前に身をさしのべ投げだしている魂である。深い不安におびえている状態だ。巫女《みこ》だ。巫女が神託を述べるためにすわる床机だ。巫女の痙攣だ。あらゆるものに対する注意だ。つまり、あらゆるものへの恐れだ。この大宇宙の物音や動きに平気でいられない人々はあわれなものだ。

　ときとして芸術家はすべてのもの、すべての色彩、すべての音、すべての暑さと寒さにちかぢかとふれあうこの状態に没入したいと思うことがある。そのときかれは、きわめて深く自然の事物のなかにのめりこみ自然の事物に大きく支配されている農夫や船乗りが自然の色や音や寒さや暑さに平気になっていることを知っておどろく。自然の事物の拘束から身をふりほどくためには、昂然《こうぜん》と肩をそびやかすがいいのだ。それが王者の身ぶりである。聖クリストフォルス〔キリストを肩に川を渡した巨人として伝えられている〕は波をものともせず川を横ぎった。「気力じゅうぶんのときには人は眠りはしない」とかれは言う。だがまた、行動もしないであろう。

邪魔ものを取りのぞき、はらいすて単純化することが、肝心である。あらゆる種類の半睡半醒は眠りのなかへ投げこんでしまうことこそ、人間のなすべきことだとわたしは思うのだ。健康のしるしは、うつらうつらしたままでいることができず、ただちに眠りに落ちこむことである。そして、目ざめるというのは、眠りを投げ捨てることだ。これに反して、予言的な魂は、半分目をさましたまま、また自分の夢を見直すのだ。

そういうぐあいに生きることもできないわけではない。それを妨げるものはありはしない。われわれは実にうまいぐあいに、予感するようにつくられている。生きた肉体というこの作品をみてみると、そこにはどんな小さな徴候でも入ってきて、刻印をのこすことがわかる。ちょっとした風の音も、遠くの嵐を告げ知らせる。確かに徴候に気をくばっているのはいいことだ。だが、だからといって、なんでもない変化などにびっくりしてとび上ってはいけない。わたしは非常に大きな自記気圧計を見たことがあるが、これはひどく敏感で、近くを車が通ったり、人の足音がしたりするだけで、針がとび上った。われわれ人間も、もしも受身の状態だけにとどまっていたとしたならば、同じことになっていたかもしれない。太陽のまわるにつれて、われわれの気分も変わるということになっていたであろう。だが、地球という惑星の王者たる人間はこんなことにはいっさい目もくれない存在なのである。

臆病《おくびょう》な人間は、他人との交際で、すべてを聞き、すべてを取り集め、すべてを解決したがる。だから、かれにとって会話は、すべての人が自分の身の上話をする場合のように、愚かしく、とりとめないものとなる。だが、賢者は、むだな徴候や話には、上手な植木屋みたいに見事に鋏《はさみ》を入れる。自然のなかにおいてはなおさらである。あらゆる物がわれわれに触れ、われわれをひきとめるからだ。地平線が壁のように目のまえに立ちふさがるかも知れない。しかし、われわれはさまざまな物をそのあるべき場所におしもどす。考えるということは、印象を虐殺することに他ならない。

人生とは、開墾事業だ。一本の幹や一本の枝が切られるのを見ても苦しんでいた感じやすい女性をわたしは知っている。だが、きこりがいなければ、草叢《くさむら》、蛇《へび》、沼地、熱病、飢えがたちまち、また復活してくるのである、人間は、だれでも自分の気分を開墾しなければならないのだ。自分の気分を否定するということは、物事をむやみに信じないということである。この世界をひらくものは鉈《なた》と斧《おの》だ。この世界は夢想をなぎはらってつくられた並木道のようなものだ。生きるとは、いわば前兆に挑戦することなのである。自分を甘やかし、印象をだいじにしようものなら、この世界はわれわれの前に閉ざされる。世界は目の前に見えているものによって感知されるものだ。カッサンドラ〔ギリシャ神話の女予言者。アポロの機嫌をそこねて、その予言は当らぬものとされた〕は不幸を告げる。だが、眠っている魂たちよ。カッサンドラを信用したもうな。まことの人間は奮起して未来をつくるのだ。

一九一三年八月二十五日

二十四　われわれの未来

あらゆる事柄の結びつき、原因と、結果のつながりをよく理解しないかぎり、人は未来に押しつぶされるものである。夢や魔法使のことばは、われわれの希望を殺してしまう。前兆はいたるところの街角にある。神学的観念に似ている。だれでも知っている寓話《ぐうわ》だが、ある詩人が家が倒れて死ぬぞと予言された。かれは野天で夜をあかすことにした。しかし神々は決してかれを見のがそうとはしなかった。一羽の鷲《わし》がかれのはげ頭を石とまちがえて、その上に一匹の亀《かめ》を落とした。また、こういう話もある。ある王子は、ライオンによって殺されるという神託をうけた。女たちが王子を家の中で見張っていた。ところが、王子はライオンの絵のある壁掛に腹を立てて、こぶしでたたき、手を折れ釘《くぎ》ですりむき、壊疽《えそ》にかかって死んだ。

こういう話から出てくるものが、のちに神学者たちが教説のなかにとり入れた救霊予定という観念である。それは次のように表現される。すなわち、人がなにをしようが、その人の運命はきまっている。全く非科学的である。この宿命論は「原因はどうであろうと、そこから出てくる結果は同じだ」ということになるからである。ところで、われわれは、原因が別ならば結果も別なものになることを知っている。そして、次のような理屈によって、この避けえない未来という幻想をうちこわす。たとえば、わたしが、自分が何日の何時に、これこれの壁で押しつぶされる、ということを知っているとする。すると、この知っているということが、まさに予言を失敗におわらしめるものとなるはずなのである。人間はそういうぐあいに生きているものなのである。われわれがたえず不幸をまぬかれているのは、それを予見しているからなのである。われわれの予見するもの、しかもきわめて道理にかなって予見するものは、決してやってはこない。道のまんなかにわたしが立ちどまれば、あの自動車に轢《ひ》かれるだろう。だが、わたしは立ちどまらないのである。

では、運命に対する信仰はどこからくるのか。主《おも》に二つの源泉がある。まず第一番目に人間を自分のわざわざ待ちもうけている不幸のなかに投げこむものは、たいていは人間自身の恐怖なのである。もしわたしが、自動車に轢き殺されることを予言されており、ちょうどおりあしくその瞬間にそれを思い出したとすれば、それだけでわたしはうまく動きがとれなくなる。その瞬間にわたしに役立つ観念は、逃げようという観念であり、そう考えればただちに逃げる行動がうまれてくるものだ。同じように、立ちどまろうという観念をもてば、そのためにわたしは麻痺して立ちどまってしまう。これは一種のめまいであって、これが魔法使たちの財産をつくり上げたものなのである。

もう一つ、われわれの情念や悪徳はどんな道を通ってでも同じ目的に達することができる力をもっているのだということを、言っておかなければならぬ。ばくち打ちに向かってはばくちを打つだろうということを、守銭奴《しゅせんど》に向かっては溜《た》めこむだろうということを、野心家に向かっては画策するだろうということを、予言することができる。魔法使でなくとも、われわれは自分に、「おれはこうなんだ。どうしようもないんだ」と言って呪《のろ》いをかける。これもまた一つのめまいであり、このめまいが予言を成功させるのだ。われわれの周囲のたえざる変化、小さなさまざまな因子の変化とたえざる開花をよく知っていたら、それでじゅうぶん宿命などというものをつくり出さずにすむことであろう。『ジル・ブラス物語』〔十八世紀の作家ルサージュの小説。賢明な青年ジル・ブラスは術策と冒険におのれを賭けた〕を読んでみるがいい。これはなにももったいぶった本ではないが、幸運も不運もあてにするべきでなく、船でいえば底荷をすてて、風向にしたがうべきことを教えてくれる。われわれの過失の方がわれわれ自身よりもさきに消滅するのだ。そんなものをミイラにしてだいじにかかえこんでおいてはならない。

一九一一年八月二十八日

二十五　予　言

わたしの知っているある男が、通命を知るために占い師に手相を見てもらった。かれがわたしに言うところによると、それは戯れにやったので、信じてなんぞいなかった。しかし、もしかれがわたしに相談していたら、わたしはやめさせていたことだろう。危険な戯れだからである。なにも言われない前なら、信じないことも容易である。まだ信じなければならないものは何一つないのだから。おそらくだれひとりとして信じはしない。信じないでいることは、はじめはやさしいが、やがてむずかしくなる。魔法使たちはそのことをよく知っている。かれらはいう、「信じないとおっしゃるのなら、ではいったい何を不安がっていらっしゃるんです」。これがかれらの罠《わな》なのである。わたしは自分が信じるかもしれないことを不安がっているのだ。なにをいい出されるかわからないのだから。

占い師は自分を信じていたに違いないとわたしは思う。冗談をいおうと思うだけなら、かれはありきたりのまえもってわかっている事柄を、あいまいな表現で言うだろう。「厄介ごとや、ちょっとした失敗にお会いになりますな。だが、けっきょくはうまく行きます。敵もできますが、いつかはあなたの正しいことを認めますよ。それまでは、ずっと変わることのない味方が慰めてくれましょう。あなたの今の心配ごとについては、近いうちに一通の手紙がきまして……云々……」こんな調子でいつまでも続けてゆけることだろう。これなら誰のめいわくにもなりはしない。

だが、もし、占い師が自分自身を真実の予言者だと思いこんでいる人間ならば、そのときかれはあなたに恐るべき不幸を告げることがおこりうる。あなたが強靭《きょうじん》な精神の持ち主なら、あなたは笑うだろう。それでもかれのことばはあなたの記憶にとどまり、夢想や夢のなかに突如としてあらわれ、少しは気をもませ、いつかはかれの言葉の正しさを証明するように見えるできごとがおこることになろう。

わたしの知っているある若い娘に、占い師は手相をしらべてから、こう言った。「あなたは結婚されましょう。お子さんはひとりできるが、なくなられますな」。こうした予言は、青春の間はたいして重くるしくも感じない。だが、時が経《た》った。娘は結婚した。そして最近子供を生んだ。こうなると、かつての予言がずっと重くるしくなる。もし赤ん坊が病気にでもなろうものなら、例の不吉《ふきつ》なことばは、母親の耳には、警鐘のようにひびくことだろう。おそらく彼女は占い師を馬鹿にして手相を見てもらったのであろう。だが、今や占い師はものみごとに復讐《ふくしゅう》をするのだ。

この世では、どんなことが起こらないともかぎらない。そこから、どんな堅固な判断でも揺《ゆ》るがすような偶然の一致ということも出てくる。ありうるとも思えない不吉な予言をあなたはわらう。だが、この予言が部分的にでも現実となってあらわれると、まえのようには笑えなくなる。そうなると、どんな勇気のある人間でもその続きを待つに違いない。そして、恐怖心というものは、人も知るように、破局そのものに劣らずわれわれを苦しめるものである。ふたりの予言者が別々に、あなたに同じことを告げることもおこる。その場合にもあなたの知性が許しえないほどに心を乱さないのだったら、あなたにわたしは敬服する。

わたしとしては、将来《さき》のことは考えないで自分の足もとだけを予見している方をはるかにこのむ。占い師に手のうちなんぞ見せにゆきはしないし、それどころか、物事の性質のうちに将来のことを読みとろうなどとも試みない。どんなにわれわれが物知りになれるとしても、われわれの眼光がそれほど遠くまで及ぶものとは、考えないからである。だれの場合でも重大なことはすべて、思いがけず、また予見されずに起こるものだということをわたしは知っているのだ。好奇心という病気がなおったとしても慎重というもう一つの病気から癒《なお》るには、まだまだ時間がかかるのである。

一九〇八年四月十四日

二十六　ヘラクレス

頼りになるのは自分の意志だけだ。これは、諸宗教や奇蹟や不幸とともに古くからある観念である。そしてまたこれは、その性質からいって、意志が敗北するときには、同時に敗北する観念でもある。魂の力というものは結果によって立証されるものだからである。ヘラクレス〔剛力無双の勇士で、ギリシャ神話中最大の英雄。ゼウスがアルクメネに生ませた子で、ゼウスの妃ヘラの嫉妬により苦難と数奇の宿運を生きる。長じてアルゴス王に奴隷として仕え、王命により十二の難題を果す。そして妻デアネラの過失から毒のついた衣をまとい肉が腐爛し、オイタ山でみずから焚死し、オリンポスの神々の中に列せられる〕は、自分を奴隷《どれい》と思いこむ日までは、自分自身におれは英雄であるという証明を与えてきた。自分が奴隷であることを信じたときには、かれは、のめのめと生きながらえるよりは、いさぎよく死ぬ方をえらんだ。この神話はたぐいなく美しい。わたしは、子供たちに外部の力にうちかつことを学ばせるために、ヘラクレスの十二の偉業を暗唱させたらいいと思う。これこそ生きるということだ。奴隷になって生きるとは、卑怯な決心であり、緩慢に死のうとすることに他ならない。外部の力にうちかって反省し、道を曲がり間違ったときには、まず「ぼくのまちがいだった」といい、自分の過失を追究し、心から自分をせめるような少年が、わたしは好きである。過失の弁解の口実を周囲の物事や人々のなかにばかりさがし求めている人間の形をした自動機械はどうしたものだろう。そこにはよろこびなんぞありはしない。不幸な人間のことに周囲の物事や人々が何の考慮もはらいはしないことは、あまりにも明らかだからである。だから、かれの考えは、きびしい冬の木の葉同様、風のまにまに吹き流されてゆくのだ。自分の外部に口実をさがす人たちは決して満足することがないが、これに反して、自分の過失にまっこうから立ち向かって、「全くおれは馬鹿《ばか》だった」という人たちは、その過失の経験を血肉として、強くまた快活となる――これにはいまさらながら感心するばかりである。

経験には二種類ある。一つは気を重くし、他方は軽くする。猟師に陽気な猟師と陰気な猟師があるのと同じだ。陰気な猟師は兎《うさぎ》をとらえそこねて、「おれには運がなかったんだ」といい、やがて、「こんなざまはおればかりだ」ともいう。陽気な猟師は兎のわるがしこさに感心する。なにもシチュー鍋《なべ》のなかにとびこむことが兎の天職でないことを、よく知っているからだ。諺《ことわざ》にはこういう男らしい知恵がたくさん盛りこまれている。わたしの祖父はよく、燕《つばめ》は焼鳥になって落ちて来はしないと言ったものだ。これにはなかなか深い生活の知恵がこもっている。蒔《ま》かぬ種は生《は》えぬという諺がある。愚か者は「音楽が好きになりたいものだ」という。しかし、それなら、聴《き》くなり、楽器をいじるなり、まずやってみることだ。音楽というものがあるわけではない。

すべてがわれわれの意に反している。いや、もっと適切にいえば、すべてはわれわれに対して無関心であり、考慮をはらっていないのだ。地球の表面は、人間の営為《えいい》がなかったなら、茨《いばら》と疫病におおわれる。外界は人間に対して敵意があるわけでもないが、さればといって好意的でもない。人間の味方になるのは人間の営為だけである。だが、恐怖をつくるのは希望なのである。だから、最初に偶然成功するのは、決していいことではない。神々を祝福する者がやがて神々を呪咀することになろう。新婚の夫婦が婚姻届をうけつけてくれた区役所の区長や式を挙《あ》げた教会の礼装巡警を好きになるようなものだ。かれらは教会の小使が式のあとでどんな顔をしてろうそくを消したかを見なかったのである。ある日、わたしは香水の売り子が微笑しているのを見た。彼女は店の扉《とびら》をしめると同時に微笑することもぴたりとやめた。鎧戸を立てる商人の姿も、またみごとな見物だ。ある無縁なものが（見知らぬ人間も、そのなかにいれていいのだが）、それの動いている法則を明らかに示す姿をみてはじめて、われわれ人間の仕事が何であるかを知るのだ。だが、ある存在がわれわれに好意を示すのをみれば、そのものの本当の姿がわからなくなり、むなしい希望をよせる以外に手だてがなくなってしまう。鎧戸をおろす前の外見の微笑や好意よりも、鎧戸をとざしたなかの生活の方が、はるかに美しく、はるかに親しみのあるものなのである。わたしの見たところでは、精力的な人たちは相違と変化とを愛する。さまざまな力のせめぎあいの均衡こそが、平和というものである。

一九二二年十一月七日

二十七　楡《にれ》の木

「葉が出はじめた。まもなく楡の木に小さな青毛虫がついて、葉を食いつくすことだろう。木は肺をとられたようになってしまう。木は窒息しまいとして、新しい葉を出し、ふたたび春を迎える。しかし、こうした努力がもとで木は疲れきってしまう。見ていてごらん、一、二年もたつと、若葉を出さなくなり、枯れてしまうから」。

植木好きの友だちが、いっしょにかれの庭を散歩していたとき、よくこう嘆いたものである。百年にもなる楡の木を指さして、それが遠からぬうちに枯れることを告げるのだ。わたしはかれに言ってやった。「やっつけたらいい。こんな毛虫なんか弱いものだ。一匹殺せるなら、百匹でも千匹でも殺せるよ」。

「千匹ぐらいの毛虫じゃない。何百万といるんだ。考えただけでもいやになる」とかれは言う。

「しかし、君には金があるじゃないか。金があれば人手が雇える。十人の職人が十日も働けば、殺せる毛虫は千匹どころじゃなかろう。こんなりっぱな楡の木立を保存しておくためなら、二、三百フランの金を奮発してもいいじゃないか」とわたしはいう。

「金にはこと欠かない。だが、職人がまるでいないんだ。高いところの枝なんぞ手におえそうもないんだ。刈込み職人でなくてはなるまい。それが、ぼくの知るかぎりこの地方にはふたりしかいないんだ」

「ふたりいれば、それでなんとかなる。そのふたりに高い枝をやらせるのさ。熟練してない連中には梯子《はしご》を使わせるんだ。楡の木全部を助けることはできなくとも、少なくとも二、三本は助けられるだろう」

最後にかれは言った。「わたしには勇気がないんだ。わたしには自分のすることがわかっている。毛虫の侵害するのが見ていられなくなってしばらくここから出てゆくことになるだろうよ」。

わたしは答えていった。「想像力の力はすごいものだね。きみは戦わないまえから負けている。手のとどくところだけを見ていればいいんだ。物事の手のつけられぬほどの厄介さと、人間の力の弱さとを考えあわせたひには、そりゃあ何もできなくなるさ。だから、まずやってみて、それから次にやることを考えることだ。石工《いしく》を見るがいい。しずかにハンドルをまわしている。大きな石はかすかしか動かない。ところが、やがては家ができあがり、階段では子供たちが跳《は》ねまわるようになるじゃないか。わたしはあるとき、厚さ十五センチもある鋼鉄の壁に穴をあけようとして、職人が柄のまがった錐《きり》にかじりついているのを見て、感心した。かれは口笛を吹きながら道具をまわしていた。鋼鉄のこまかい削りくずが雪のように舞い落ちていた。この男のずぶとさにわたしは心をとらえられた。十年まえの話だ。かれがこの穴をあけ、ほかのたくさんの穴もあけたことを考えてみるがいい。毛虫そのものがきみに教訓を垂《た》れている。楡の木にくらべたら、毛虫なんか問題じゃない。しかも、そんなとるにたりない毛虫が、歯でほんの少しずつ噛んでいるうちに、一つの森を食いつくしてしまうのだ。小さな努力を信じなければならない。虫に対しては虫になってたたかわなければならない。無数の要因がきみに加勢して働いてくれるだろうよ。さもなかったら、とっくの昔に楡の木はなくなっていただろう。運命というものは気まぐれだ。指の一はじきが新しい世界をつくる。どんな小さな努力でも、限りない結果が生ずる。これらの楡の木を植えた人は、人生の短さを思いめぐらしたりなどしなかった。きみもその人にならって、自分の足もとよりさきを見ないで、思いきって行動するがいい。そうすれば、楡の木も救われるだろうさ」。

一九〇九年五月五日

二十八　野心家のための話

だれでも求める物はえられる。青年時代にはこのことを考え違いするものである。棚からぼた餅が落ちてくることしか待っていないからである。ところが、ぼた餅は落ちてこない。だが、われわれが欲するものはすべて、山と同じだ。われわれを待っており、逃げて行きはしない。けれども、よじ登らなければならない。わたしの見たところ、野心家たちはみんなしっかりした足どりで出かけて、みんな目的にたどりついている。それも、わたしの思ったよりもっと早く着いている。かれらは有効な行動だとみれば、さきに延ばしたりなぞしない。自分の役に立つと思う人々なら必ず定期的に訪問する。ただつきあって気持のいいだけで役に立たない連中なら、たちまち無視する。ついには、必要とあればおせじも使った。わたしはこれをとがめ立てしようとは思わない。それは好みの問題だ。ただ、あなたを出世させてくれることのできる人に向かって、不愉快な真実をいっしょうけんめいに言うようなら、自分は昇進を望んでいるなどとは思わぬことだ。あなたは、ときとして人が鳥になった夢をみるみたいに、昇進の夢を夢みているまでのことだ。陳情者に面会する煩わしさをもたず、決議をくだす面倒ももたない大臣になる夢を夢みているまでのことだ。「おれを迎えにやってくるだろう。おれは指一本動かさないでいるつもりだ」。などとほざいている怠け者を、わたしはたくさん知っている。かれらは実際にはそっとしておいてもらいたがっているのだ。そこで、人々はかれらをそっとしておく。だから、かれらは自分でそう思いたがっているほど不幸ではない。馬鹿《ばか》者とは、鳶《とび》のように一挙にうまい餌《えさ》にありつこうとねらって急に思い立って二日ほどの間に十回も奔走する連中のことだ。ろくな準備もつまないで、あくせく立ち回ってみたところで、どうせうまく行く気づかいはない。相当有能な人たちまでもがこうして一攫《いっかく》千金の夢をねらったのを見たことがある。そんな向こう見ずな冒険をして失敗するからこそ、人は社会ははなはだ不当だなどというのである。不当なのはその人の方だ。社会は、なにも要求しない人には、なに一つ与えはしない。要求するとはたえず続けて要求するということだ。与えないということは少しもわるいことではない。知識と能力だけがすべてではないのだから。政治というものはよく解《わか》るが、しかし政治の職業の垢《あか》が――どの職業にも垢があるものだ――どうも好きになれない、という人々がいる。だが、職業を好まないとしたら、知識や判断力をもっていたとてなにになろう。バレス〔モーリス・バレス、十九世紀の文学者、自我崇拝から国土崇拝、ナショナリズムへ向かった。代議士になるなど政治においても活躍した〕は陳情者を拒まず、請願書にいちいち推薦文を書いてやり、物忘れをしなかった。かれが大政治家といえるかどうか、わたしは知らぬ。しかし、まちがいなくかれはその職業を愛していた。

　くりかえしていうが、金持になりたいと思う者はだれでもなれる。こんなことを言おうものなら、金持になろうと夢みて失敗した人はだれでも憤慨するだろう。かれらは山をながめただけだったが、山のほうではかれらがくるのを待っていたのだ。金銭というものは、すべての利益と同様、まず第一に誠実さを要求するものである。多くの人たちは、かせぐ必要があるからという理由のためだけにかせぎたがっている。しかし金というものは、必要からだけ金を求める人々をさける。財産をつくった人々は、一つ一つのものから利益をあげようと思ったのだ。友だちづきあいのように楽しく趣味や趣向にもあい、気楽でおおようになれるような、そういう小ぎれいな商売を求める人は、焼けきった舗道に降った雨のようにたちまち蒸発してしまう。きびしさがなくてはならず、勇気がなくてはならぬのである。つまり昔の騎士たちのように、困難のなかで鍛え上げなければならぬ。水銀が金と結合するのも、毎日毎日計算する人に利益が結合する以上に速いわけではない。しかし、浮わついた拝金主義者は裁《さば》かれる。浪費することであって、かせぐことではないのだから。わたしの知っている農業愛好家は、自分のたのしみのために、またいわば健康のために、種を蒔《ま》いていた。かれは決して損をしないことだけを望んだ。しかし、そうまいぐあいに行くものではない。かれはもののみごとに破産した。老人の貪欲《どんよく》、さらには、乞食の貪欲というものがある。これは偏執狂のようなものだ。しかし商人の貪欲は、職業そのものに結びついている。かせぎたいと思う以上、手段を求めなければならぬ。つまり、小さな利益を積み重ねなければならぬ。すなわち、他のことは何も考えず、一歩一歩よじのぼらなければならぬ。ところで、どの石も登るのに役立つとは限らない。それに重力からわれわれは決して自由になれない。破産（失墜）とはいいことばだ。損失というものが、いつも商人から離れず、たえず商人をぴんとひっぱっているからである。損失というこのもう一つの重力を感じない者は、無駄骨《むだぼね》を折ることになろう。

一九二四年九月二十一日

二十九　運命について

「運命はわれわれをひきずって嘲弄《ちょうろう》する」とヴォルテールが言った。あれほど自分というものに忠実だった人間が、こういうのだから驚かされる。外界の運行は苛烈《かれつ》な手段をつかって働く。石や砲弾には、デカルトさえも粉砕されることは明らかだ。こういう力は、われわれのすべてを一瞬にして地上から抹殺《まっさつ》してしまうことができる。だが、できごとはひとりの人間を実にやすやすと殺しはしても、その人間を変えることはできはしない。一人一人の人間は死ぬまで自分の人生を歩むものだし、すべてを適宜に処理してやって行くものだ。感嘆する他はないほどだ。犬がにわとりを食って、それで自分の肉や脂肪をつくるのと同じ要領で、一人一人の人間はできごとを消化する。なにが起こるかわからない物事の変転のなかから必ず人間に進路を見つけ出させるものは、しぶとい動物のもっているそういう能動的な力なのである。強い人間の特質は、あらゆる物事に自分自身の形の刻印をのこすことである。しかし、この力は普通考えられている以上にみんなのもっているものなのである。人間にとって一切は衣装である。人間のひだは形や身ぶりにしたがってできるものだ。食卓、仕事机、部屋《へや》、家などはみな、手の動かし方一つでたちまち整頓されたり、乱雑になったりする。仕事もそれをする人に応じて大きくもなり、小さくもなる。われわれは外側から判断して、仕事がうまく行っているとか、はかばかしくないとかいう。だが、成否は別として、仕事をしている人間は、ねずみと同じように、いつでも自分のかたちに合わせて穴をあけるものだ。よく見るがいい。人間は自分の欲することをやってきたのだ。

「青春が持ちたいと願ったもの、老年はそれを豊かに持つ」。この諺《ことわざ》をその回想の冒頭に引いているのはゲーテである。そして、ゲーテは、あらゆるできごとを自分自身の形式にしたがって手を加えて自分自身のものとする性格の輝かしい手本である。だれでもがゲーテではない。それはたしかだ。だが、だれでも自分自身ではある。人間の形の刻印は美しくない。それはそうかもしれない。しかし、人は至るところにおのれの形の刻印をのこすのだ。人の持ちたいと願うところのものは、それほど高尚なものではない。しかし、人は持ちたいと願うものを手に入れるのだ。ゲーテならざる人間は、ゲーテたろうと欲しなかったのだ。何ものにもめげないワニのように強い性質の人間のことをだれよりもよく理解していたスピノザは、人間は馬の完全さなんぞ持つ必要はない、と言った。同じように、だれもがゲーテの完全さを持っても仕方がない。しかし商人は、どこでも、破産に瀕《ひん》しているときでさえ、売り買いをするものなのだ。手形割引人は金を貸し、詩人はうたい、怠け者は眠るものなのだ。多くの人は、あれやこれやが手に入らぬことの不平をいう。だが、その原因はいつでも必ず、かれらがそれを本当には欲しなかったことにある。キャベツでも栽培しようという退役大佐は、大将になりたかったのかも知れない。しかし、もしわたしにかれの生涯をしらべることができたら、かれが本当にそれをしようと思っていなかったために、なすべきであったにもかかわらず、しなかった一寸した事柄を発見することであろう。大将になりたくはなかったのだということを、わたしはかれに説明してやることができるであろう。

わたしは、十分手段をもちながら、貧弱でつまらぬ地位にしかつけなかった人々を知っている。だが、かれらはなにを欲していたのか。率直なもの言いか。それなら、お手の物だ。断じておせじをいわないことか。言ったことはなかったし、今も言いはしない。判断、忠告、拒絶などの能力か。そんな能力ならもっている。金を欲していたのだろうか。しかし、いつでも金を軽蔑《けいべつ》していたではないか。金はこれを敬う人々のところへ行くものだ。本当に金持になろうと欲しながらなれなかった人間がいるなら、さがしてみるがいい。もっとも、本当に金を欲した人のことだが。単に希望するのと欲するのとはちがう。詩人は十万フランを希望する。だが、だれからまたどうしたらそれがえられるか、かれは知らない。その十万フランに向かってこれっぽっちも動くということをしない。だから、決して手に入れることはない。だが、かれは美しい詩をつくろうと欲する。だからそれをつくる。その詩は、詩人という本性にしたがってつくられたものだから美しい。わにが美しい鰐《わに》皮を、鳥が美しい羽毛をつくるのと同じ事情だ。この、最後には通路を見いだす内的な力を、だからまた運命と呼ぶことができる。しかし、きわめて堅固に武装された構造をもつその内的な力とピュロス〔紀元前三世紀のエピクロス王、ローマ軍とたたかい多くの勝利をおさめたが、ギリシャの地で戦っているとき、老婆が屋根の上から投げつけた瓦にあたって死んだ〕を偶然にも殺したあの瓦《かわら》との間には運命という名まえ以外になんの共通点もない。このことをある賢者は、カルヴァンの救霊予定説は自由そのものによく似ているといって説明してくれた。

一九二三年十月三十日

三十　忘却の力

二度としないと誓わせることで酔っぱらいの目をさまさせようとする警察のやり方には、行動の刻印がある。理論家はそんなものを信用しまい。かれの目から見ると、習慣と悪徳は頑固に根のはえて動かしがたいものなのだから。理論家は、事物に関する知識によって推理して、鉄や硫黄が独自の属性をもつようにあらゆる人間は属性として本来独自の動き方をもっているものだ、と考えたがる。しかし、わたしはむしろこう考える。すなわち、鍛えられたり圧延されたりすることが鉄の、火薬や弾丸に用いられることが硫黄の本来の性質に属していないように、徳だとか悪徳だとかのたいていは人間の本来の性質に属していないのである、と。

酔っぱらいの場合、わたしには酔っぱらいになる理由がよくわかる。酔っぱらいたいという欲求をつくり出すのは習慣である。いつも飲んでいるものを飲むと、ますます飲みたくなって、理性を失ってしまうのである。しかし飲酒の最初のきっかけは、ごく些細《ささい》なことであって、誓いでこれを抑えることができる。誓いというちょっとした心の努力をすれば、その人間はまるで二十年来水しか飲んでこなかったかのようにつつましくなるのだ。これと反対のこともある。わたしが酒を慎んでいるとする。しかし、その私がすぐにも、苦もなく、酔っぱらいになるかもしれないのだ。わたしは賭けごとが好きだったことがある。だが、周囲の事情が変わると、たちまちわたしは賭けごとのことなど考えなくなった。もしわたしが、また手を出そうものなら、また好きになるだろう。情念というものには馬鹿なところがある。とりわけ一つの考えに人間がいかれていることがあるからである。チーズを好かない人たちは、決してこれを味わってみようとしない。自分は、チーズを好きになりはしないと思いこんでいるからである。独身者はよく、結婚は耐えがたいだろうなどと考える。不幸にして、絶望には確信が、つまりは強い確認が、ともなう。そのために、人は手加減をうけつけない。これをわたしは幻影だと考えるのだが、この幻影はきわめて当然である。人は自分の持っていないものについては、誤った判断を下すのがならわしだから。酒を飲んでいるかぎり、わたしは酒を慎んでいる状態を考えることはできない。酒を飲むという行為そのことによって、飲まなくなると、飲まないというそのことによって、飲酒癖をしりぞける。悲しみについても、賭けごとについても、なにごとについても同様である。

ひっこし間ぎわになると、間もなく立ち去ろうとする壁に別れを告げたりする。家具はまだ運び出されていないのに、もう別の住まいが好きになってくる。古い住まいは忘れられている。すべてが、まもなく忘れられてしまうだろう。現在というものには、いつも力と若さとがこもっているからだ。そして、人は確実な動きをもって現在に順応する。だれでもこのことを感じているのに、だれひとりこれを信じない。習慣は一種の偶像である。それはわれわれが服従することによって力をもつ。そして、この場合、われわれを欺くのは思考である。われわれに思考できえないことは、またしえないことだと思ってしまうからである。想像力は習慣から自由になれないということのために、人間世界を導く。そして、想像力は創《つく》り出すことができないというべきだろう。創り出すのは行動である。

わたしの祖父は七十近くになって、固形の食物をきらうようになった。そして、少なくとも五年は、牛乳で生きていた。人はこれを偏執狂だと言った。そのとおりである。ある日わたしは家族そろっての昼飯の食卓で、祖父が突然若鶏《わかどり》の脚《あし》をたべはじめるのを見た。そして、かれは、だれもと同じようにたべてあと六、七年生きた。たしかに勇気のある行為だった。だが、いったいかれはなにに対して挑《いど》んだのか。一般の意見に対してである。あるいはむしろ一般の意見に対して持つかれの意見、そしてまた自分というものについての意見、に対してである。しあわせな性質だ、と人はいうかも知れない。だがそうではない。だれでもみんなそうなのだ。だが、かれらはそれを知らない。だれでも自分自身の役割にしたがうものである。

一九一二年八月二十四日

三十一　大草原にて

プラトンにはいくつもおとぎ話がある。それらは要するに世間によくあるおとぎ話と似たものだが、プラトンのものにはなに気なく投げ出されたことばがあって、そのためにおとぎ話はわれわれの心の底にひびき渡り、よく知られていなかった奥まったすみずみを突如として照らし出す。たとえばあの騎士エル〔プラトンの対話篇『共和国』第十篇に出てくる勇士〕の話がそうだ。エルは戦闘で死んだのだが、死の審判がまちがいであったと認められると、地獄から帰ってきた。そして、地獄で見てきたことを物語った。

地獄でのもっとも恐ろしい試練はこうであった。霊魂あるいは亡霊――その他なんとでも名づけていいが――は、大きな草原へつれて行かれる。そして、目のまえにたくさんの袋が投げ出される。そのなかにはそれぞれが選ぶべき運命が入っている。霊魂たちはまだかれらの過去の生涯の思い出をもっている。かれらはそれぞれの欲望や悔恨に応じて選ぶ。なにをさておいても金を欲しがった連中は、金でいっぱいになった運命を選ぶ。金をたくさんもっていた連中は、さらにいっそう金を手に入れようと努力する。道楽者たちは快楽のいっぱいつまっている袋をさがす。

野心家たちは王たるの運命を求める。やがて、だれもが自分の必要なものを見つけ、新しい運命を肩にかついで立ち去る。そして、レーテ、つまり「忘却」の川の水をのみ、それぞれの選択にしたがって生きるために、ふたたび人間の住む地上に向かって出発する。

なんとも奇妙な試練であり、奇怪な刑罰である。しかも、その恐ろしさには一寸見以上のものがある。幸福と不幸との本当の原因について深く考える人々はほとんどいないのだ。本当の原因について深く考える人々ならば、源泉、すなわち、理性を動きのとれないものにする暴虐な欲望、にまでさかのぼる。かれらは富を警戒する。富を手にすると、追従《ついしょう》に対して敏感になり、不幸な人々に耳をかさないようになるからだ。かれらは快楽を警戒する。快楽は知性のひかりをおい、ついにはこれを消してしまうから。したがって、この賢者たちは、見たところ美しい袋を、いくつもいくつも、用心深くひっくりかえしてみる。自分の心の平衡を失うまい、いろいろ骨を折って手に入れ、身につけているほんの少しばかりの正しい感覚を、はなばなしい運命のなかで、危険にさらすようなことはすまいと心くばりをするからである。こういう人たちは、だれも欲しがらないような地味な運命を背負って行くことになろう。

しかし、このほかの人たち、一生の間自分の欲望を追っかけまわした人たちは、よさそうに見えるものにすっかり悦に入り、目先きのことしか目にはいらない。この人たちには、さらに多くの盲目と無知と虚言と不正とをえらぶこと以外に、なにをえらぶことを望めようか。こうして、かれらは、どんな裁判官が罰するよりも、はるかに苛酷に自分で自分を罰することになる。あの百万長者は今ごろ例の大草原にいることだろう。そして、なにをえらぼうとしているのだろうか。だが、比喩《ひゆ》はやめよう。プラトンは我々の考える以上に、いつでもずっとわれわれの身近にいる。わたしには死のあとにくる新しい生活の経験はない。だから、死後の生活を信じない、といったところでなんにもならない。われわれはそれについてはなに一つ考えられはしない。わたしはむしろこういいたい。われわれが自分の選択によって、また自分で打ちたてている行動の原則によって罰せられる来世の生活とは、われわれがたえずすべりこみつつある未来、なのだ、しかも、そこでわれわれの開く包みは、われわれがえらんだ包みに他ならないのだ、と。われわれが神々や運命を非難しながら、「忘却」の川から水をのむのをやめないというのも、また真実である。野心をえらんだ者は、低級な追従、羨望《せんぼう》、不正などをえらんだとは思わなかった。だが、それらは自分のえらんだ包みのなかにはいっていたのだ。

一九〇九年六月五日

三十二　近隣の情念

　ある人は言う。「あまりよく知りすぎている人たちといっしょでは、まったく暮しにくいものだ。人は自分の身の上を遠慮会釈なく嘆き悲しむ。そのため、かえって小さな悩みを大きくする。聞いている方の人たちも同じことだ。自分の行為だの、ことばだの、感情だのについて、気安く愚痴をこぼす。さまざまな情念を勝手に爆発させる。つまらないことでおこりちらす。聞き手の思いやりと、愛情と、寛容とを信じきっているのだ。おたがいに知りすぎているから、うわべをとりつくろうこともない。だが、こういう四六時中の率直さは本当とはいえない。それはすべてを誇張してしまうものだからである。どんなに円満な家庭のなかにも、意外にとげとげしい調子やはげしい身ぶりが見られることがあるのは、このせいだ。礼儀や儀式は、普通考えられる以上に有益なものなのである」。

　別の人はいう。「全然知りもしない人たちといっしょでは、まったく暮しにくいものだ。地下では金利生活者のためにつるはしをふるっている坑夫たちがいる。室内で、百貨店のおしゃれな女客のために働き疲れている針子たちがいる。今この瞬間にも、金持の子供たちのために、何百という玩具《がんぐ》を、それも安い手間で組み立てたり糊づけしたりしている貧乏人たちがいる。金持の子供も、おしゃれ女も、金利生活者も、こんなことは少しも考えてみもしない。ところが、いなくなった犬や、蹄葉炎にかかった馬のこととなると、みんながかわいそうだと思う。こういう人たちは、召使たちに対しては、ていねいであり親切であって、かれらが目を赤くしていたり、ふくれ面をしていたりするのを見ていられない。人はチップをはずむ。それは偽善ではない。カフェのボーイや、使い走りをする人や、馭者などの喜ぶのを見るために行なうことなのだから。だが、赤帽にたっぷりチップをやるその人間が、鉄道員は会社の給料だけでなに不足なく暮らして行けるはずだなどと主張する。一瞬ごとに誰れでもがひそかに他人を犠牲にしているのだ。社会というものは、善人たちに、それと知らずに残酷であることを許す、驚くべき機械なのである」。

第三の人は言う。「知りすぎていない人たちといっしょなら、まったく暮しやすいものだ。それぞれが自分のことばや身ぶりを抑制する。そして、まさにそのことが怒りを抑制する。上機嫌《きげん》が顔にあらわれると、やがて心も上機嫌になる。言って後悔しそうなことは、言おうと考えもしない。人は自分のことをよく知らない人のまえでは、自分のいいところをみせるものだ。多くの場合、この努力のために、われわれは他人に対しても、自分に対しても、いっそう正しくなる。人は未知のものからはなにも期待しない。少しでもうるところがあればすっかり満足する。わたしの見るところ、外国人が愛想《あいそう》がいいのは、とげのないおせじしかいうことを知らないからである。外国暮しの好きな人があるのは、そのためだ。かれらにはいじわるになる機会というものが全くない。そこで、人は外国ではいっそう自分に満足する。会話は別として、歩道の上にはなんという友情、なんという気安い社交性があることだろう。年寄も子供も、犬でさえも好意を示して通っているのだ。ところが反対に、路上では馭者たちが罵《ののし》り合っている。旅行者たちにせきたてられている。機構は複雑でもないのに、もう軋んでいる。社会の平和というものは、直接の交際、利害の混交、意見の直接の交換から生ずるのであって、組合だとか団体だとかいうような、機構をつくることから生じはしないだろう。むしろ反対に、大きすぎも小さすぎもしない隣り近所の結びつきからこそ生ずるのであろう。地域別連邦主義こそ本物なのだ」。

一九一〇年十二月二十七日

三十三　家庭で

人間には騒がしさになれている人と、他人を黙らせようとする人と、二種類ある。仕事をしているときや、眠ろうとしているときに、ささやき声がしたとか、椅子をちょっと乱暴に動かしたとか言って、烈火のように怒る人たちを、わたしはたくさん知っている。ところがわたしの知っている別の人たちは、他人の行動に口出しして干渉するようなことは絶対にしない。こういう人たちは、隣人の会話や、笑い声や、歌などをやめさせるくらいなら、貴重な考えや二時間の眠りをだいなしにした方がましだと考えるのだ。

こういう二種類の人々は、どこへ行っても自分と反対なものをさけ、同類を求める。共同生活の規則や格率が互いに全く違っている家庭にぶつかるのは、このためである。

ある家庭では、ひとりに気に入らぬことは、他の全員に対しても禁じられるということが、暗黙のうちに認められている。ひとりは花の匂いが気にくわない。もうひとりは声高い話声ががまんならない。一方が夜静かなことを要求すれば、他方は朝静かなことを要求する。ひとりは宗教のことに触れてもらいたくないし、もうひとりは政治の話がはじまると歯ぎしりする。だれもが互いに「拒否権」を認め合い、だれもがこの権利をおごそかに行使する。ひとりが「この花のおかげで、おれは一日じゅう頭痛がしそうだ」といえば、他のひとりが「十一時ごろすこし乱暴にドアが閉められたのがたたって、ゆうべは眠れなかった」と言う。食事どきになると、まるで議会のように、みんながそれぞれ苦情を言う。だれもがやがてこの議会の複雑な憲章を知るようになる。そして、教育の目的はこれを子供たちに教えること以外のなにものでもない。しまいには、身動き一つしなくなって、顔を見合わせ、あたりさわりのないことを言うようになる。こうして、陰気な平和とたいくつな幸福ができあがる。要するにただ、だれもが人を苦しめている以上に人に苦しめられているということで、みんなが自分を寛大だと思いこみ、確信をもってこうくりかえすようになる。「自分のために生きてはいけない。他人のことを考えねばならぬ」。

またこんな家庭もある。そこでは、各人の気まぐれが神聖視され、愛され、また、自分のよろこびがときとして他人の迷惑になることなどは、だれも決して考えない。だが、こんな連中のことは言うまい。エゴイストたちなのだ。

一九〇七年七月十二日

三十四　心づかい

みんながバジルに向かって、「お前の顔はまっさおで気味がわるい」といったことから、とうとうバジルが自分は病気なのだと思いこむようになる。あの有名な場面〔十八世紀の作家ボーマルシェの喜劇『セビリアの理髪師』第三幕十一場〕はだれでも知っている。わたしは、あまりに円満でだれもが他の者の健康に気をくばっている家庭に行くたびに、この場面を思い出す。ちょっとでも顔色が青かったり赤かったりした者こそ災難だ。家中の者が心配し出して尋ねる「よく眠れたかい」。「きのうは何を食べたの」。「お前は働きすぎるんだ」。その他いろいろ元気づけるようなことを言う。その次には、「もっと早く手当をしなかった」病気の話ということになる。

わたしは、こういうしかたで愛され、かわいがられ、だいじにされ、いたわられている敏感なそして少々臆病《おくびょう》な人間を、気の毒だと思う。腹痛、咳、くしゃみ、あくび、神経痛というような日々のちょっとしたわざわいが、間もなくかれには恐るべき徴候となろう。かれは徴候が進行するのを、家族の助けを借り、また医者の冷淡な目つきの下で見守るだろう。医者というものは、あなたも知ってのとおり、馬鹿《ばか》と思われる危険を冒してまで、この人たちを安心させようと努力したりはしないものだ。

心配事ができると、眠れなくなる。こうして、わが気で病む男は、夜は自分の息に耳をすまして過ごし、昼は昼で夜のことをひとに話して過ごす。やがてかれの病気はこれこれの病気ということになり、周知のこととなる。活気がなくなって消えかけた会話が、ふたたび新しい生命をとりもどす。この不幸な男の健康には、取引所の相場のように、高低表ができる。あるときは高くなり、あるときは低くなる。そして、かれはそのことを知っているか、見抜くかする。こうなれば、神経衰弱が、おまけとして、うまれてくる。

この療法？　家庭から遠ざかることだ。無関心な人たちの間に行って暮すことだ。かれらはうわのそらで「ご機嫌《きげん》はいかがです」などとあなたに尋ねるが、あなたが本気になって答えようものなら、逃げ出すだろう。連中はあなたの苦悩なんかに耳をかさず、あなたの胃を締めつける優しい心づかいをこめた眼《まな》ざしなど、向けはしない。こういう状態になって、たちまち絶望に陥ることがなければ、病気は治るだろう。教訓――ひとに向かって、決して顔色がわるい、などといってはならない。

一九〇七年五月三十日

三十五　家庭の平和

わたしは、ジュール・ルナールのあの恐るべき『にんじん』をくりかえして読む。この本には寛大なところがない。物事の悪い面はとかく目につきやすいものだ、と言ってやりたい。一般にいって、情念は目につき、愛情は見えにくい。そしてこのことは、親密であればあるほど、いっそう避けられない。これを理解しない人間は、必然的に不幸となる。

家庭内では、とりわけお互いの心がひらかれている場合には、だれも気がねしないし、だれも仮面をかぶらない。母親は、子供に対して、自分がよい母親であることを見せてやろうなど決して考えないだろう。もしそんなことを考えるとすれば、それは子供が凶暴なまでに性質の悪いときのことだ。そこで、よい子供はときに遠慮なく扱われることを覚悟すべきである。それこそが、よい子供に与えられる報酬なのだ。礼儀というものは無関心な人たちに対して向けられるものであり、機嫌《きげん》というものは、上機嫌にせよ不機嫌にせよ、愛する人たちに対して向けられるものである。

互いに愛し合うことの効果の一つは、不機嫌がすなおに交換されることだ。賢者はこれを信頼と心安さの証拠とみるに違いない。小説家たちがよく書いていることだが、妻の不貞の最初の徴候は、夫に対して礼儀と注意深さをとりもどすことにある。しかし、これを打算と見るのはまちがいである。そこには心安さというものがないのだから。「ぶたれてうれしくなったとき」——この芝居の文句は、人間の心の真実を滑稽《こっけい》なまでに拡大して見せてくれる。ぶつ、ののしる、悪口をいう、これが必ず事のはじまりだ。こういう過度の信頼のために、家庭が破壊されることがある。つまり、思わず一番激しい怒りの調子を帯びる大声を投げあういやな場所となってしまうのだ。これは当然なことだ。こういう日常の親しさのなかでは、ひとりの怒りが他の者の怒りをよびおこし、ほんのちょっとした情念も何倍かにふくれあがってしまう。こういうとげとげしい気分は、いとも安易に描き出して見せることができる。そして、この気分を説明してやりさえすれば、療法は病気のすぐそばに見つかるであろう。

だれでも自分のよく知っている気むずかし屋だの、がみがみ屋だのについては、まったく素朴《そぼく》に「あれはやつの性格だ」などという。しかし、わたしは性格などというものをあまり信用しない。経験によれば、あるものを規則正しく抑圧してゆけば、やがてそれは力を失ってつまらない弱いものとなるのだから。王の前に出た場合、廷臣は不機嫌を隠しているのではない。気に入ろうという激しい欲望のために不機嫌は消えうせてしまうのだ。一つの運動は他の運動を排除する。友好的に手をさしのべれば、同時になぐるわけには行かない。ある動作を開始して、しかもそれを抑えたときの激しく緊張した感情についても、同じことである。社交的な女性が、突然の来客を迎えるために怒りを中断したからといって、決してわたしは、「なんたる偽善だ」などとは言わない。そうはいわずに「怒りを静めるなんと完璧《かんぺき》な療法だろう」と言う。

家庭の秩序とは、法の秩序のようなものだ。それは決してただそれだけでできあがるものではない。それは意志によってつくられ、保たれる。最初の衝動の危険をよく理解した人は、自分の動作を制御して、そうして自分のたいせつにする感情を保つ。それゆえ、結婚は意志の見地からみて、解消すべきではない。結婚するからこそ、人は嵐を静めて、立派に結婚を保ってゆくことを仕事として自分自身に課するのである。これが誓いの効用だ。

一九一三年十月十四日

三十六　私生活について

ラ・ブリュイエールだったと思うが、こんなことを言っている。よい結婚というものはあるが、甘美な結婚などというものはない、と。わが人類は、似而非人間研究家《えせモラリスト》たちのこういう泥沼から抜け出すべきだろう。かれらに従えば、人は幸福について、まるで果物のように、味わったり、あれこれ言ったりするようになる。しかし、わたしに言わせれば、果物だって味をよくする方法があるのだ。結婚、その他すべての人間関係についてはなおさらである。これらは、味わったり、しんぼうしたりするためにあるのではない。それらはつくりあげるべきものなのだ。社会というものは、天気や風のぐあいで居心地がよくなったり、わるくなったりする木陰のようなものではない。それどころか、魔法使が雨を降らしたり、天気にしたりする奇跡の場所なのである。

自分の商売や出世のためだったら、だれでもけんめいになってやる。しかし、一般に、家庭で幸福に暮すためには、なに一つしない。わたしはすでに、礼儀についていろいろ書いてきたが、どうも賞讃《しょうさん》し足りなかったようだ。礼儀とは見知らぬ他人に対して役に立つ虚言だ、などとは言わない。わたしはこういっているのだ。感情というものは真心のこもったものであればあるほど、貴重なものであればあるほど、礼儀を必要とする、と。「悪魔に食われてしまえ」などと言って、商人は腹のそこをぶちまけたつもりでいる。だが、ここに情念の罠《わな》がある。われわれの目の前の直接な生においては、姿をあらわすものいっさいが虚偽だ。めざめて目をひらく。見えるものはみんな虚偽だ。わたしの仕事は判断し、評価し、物事をそのおかれるべき距離に押しもどすことにある。どんな一見にしろ、一見したところのものというのは、一瞬の夢であり、夢というものは、疑いなく判断を伴わない短時間のめざめである。そうだとすると、自分の直接的な感情をもっとよく判断しろ、などといっても、それは無理というものだ。

直接的な、つまりは自然的な魂は、いつでも憂愁に包まれており、おしひしがれている、とヘーゲルは言う。わたしには、このことばはたいそう深味のあるもののように思えた。自分について反省しても改まらないときには、反省のしかたがまずいのだ。そして、自分に問う人は、必ず自分にまちがった答えをする。自分自身のことしか考えない思考は、倦怠《けんたい》、悲哀、不安あるいは焦燥に他ならない。ためしにやってみるがいい。自分にこう尋ねてみるがいい。「暇つぶしになにを読んだらいいか」。あなたはもうあくびをしている。必要なのは読みはじめることだ。欲望というものは、発展して意志のかたちをとらなければ、衰えてしまう。これだけの考察で、心理学者たちを批判するにはじゅうぶんだ。心理学者たちは、だれでも自分の考えを根掘り葉掘り観察しろなどという。まるで草か貝殻の観察のようだ。しかし、考えるとは意欲することなのである。

ところで、個人個人が各瞬間ごとに自分自身を統御し勇気づけてゆく商業とか工業とかいうような公共生活では、たいそううまくやれることでも、私生活では同じようにうまくは行かない。だれもが自分の感情の上に寝そべる。眠るときならそれもいい。しかし、家庭という半睡状態のなかでは、すべてがたちまちまずくなる。そのため、もっとも善良な人たちがしばしば、おそるべき偽善者になることがある。注目すべきは、ここで人が、本来はむしろ、意志の力によって、体操選手のように全身を動かして、感情を変えるべきなのに、意志のようなものを行使して、感情をごまかすということだ。不機嫌《ふきげん》、悲しみ、たいくつなどは、雨や風などと同じようなできごとだという考えは、実は先入観念であり、誤った観念である。要するに、本当の礼儀とは自分の義務を感じることだ。人は敬意や慎みや正義に対して大いに義務がある。この最後のもの、つまり正義については、考えてみる価値がある。ただちに正義にたちかえるということは、たとえ最初にそういう情念の動きを持つことがあるにせよ、決して盗人の行為はしないことである。正義に立ちかえるということは、いささかも偽善のない誠実そのものの行為である。愛情については、なぜそれほど誠実であることを望まないのか。愛は自然的なものではない。欲望そのものも、長い間自然的なままではいない。本当の感情というのはつくり出されたものだ。人がトランプ遊びをするのは、いらだったり、いや気がさしたりした場合に、すぐさまカードを投げ出すためではない。また、だれもでたらめにピアノをひこうなどと考えた者はいない。音楽はあらゆる手本のうちの最上の手本でさえある。音楽は、声楽でさえも、意志によってのみささえられているのである。神の恩寵は人間の意志のあとから来るものであることは、神学者たちによってしばしば言われている。しかし、神学者たちは、自分の言っていることの意味を、よく知ってはいないのだ。

一九一八年九月十日

三十七　夫　婦

ロマン・ローランはそのすぐれた著書のなかで、よい夫婦というものはめったにいない、そして、それは当然なことだ、と言っている。わたしは、これと同じ考え方の筋道をたどって、かれの作中人物たち、そしてわたしの路上で出会った生きた人物たちを観察して、本人たちにいつもその理由がわからないのに、男女両性がしばしば仇《かたき》同士となる原因をつくっている男女の顕著な特徴に気がついた。女性は感情的であり、男性は活動的である。このことはしばしば言われてきた。しかし十分説明されたことはめったにない。

感情的ということは、情愛深いというのと同じことではない。この感情的という言葉の意味は、思考が生の源泉とより密接に結びついているということである。この結びつきは、男女を問わず、病人だったらだれにもみとめられる。しかし、通常は女性の方がより密接である。それは、妊娠と授乳という機能、およびそれに関連する機能が、女性においては強い支配力をふるっているからである。そのため気分が変わりやすい。原因は女性の身体からくる。そして結果はしばしば、気まぐれ、支離滅裂、強情といったかたちをとる。そこにはなんら偽善はない。気分の動きをその真の原因によって説明するためには、深い知恵、それも実際にはほとんどありえないような深い知恵が必要なのだ。真の原因というものは、われわれの動機をも変えるからである。ほんのちょっとした疲労が原因で散歩する気がなくなった場合でも、けっこう家にとどまる別の口実を見つけるものだ。よく羞恥《しゅうち》は、本当の原因をかくし立てることからおこるものであると見なされている。しかし、わたしにいわせれば、羞恥とはむしろ、本当の原因を知らないことからおこるのであり、肉体要求を心の要求にすりかえようとして、自然に、かつ不可避に生まれでる感情なのである。自然に、また必然的に置きかえることである。こういう事情に関しては、恋する男は、馬鹿同様である。

男性というものは、行動しているときにのみ、理解されうるものである。男性の本来の職能は、狩猟し、建設し、発明し、試みることである。こういう道からはずれると、男はたいくつする。しかし、いつもそのことに気がつかない。そこで、つまらないことのためにたえず動きまわっている。そのことを、悪意からでなくてかくすので、事態は悪化する。男に必要なのは、政治あるいは産業という食物だ。男性として自然なこの結果を、女性は偽善だととるのが普通である。そこから生じる男女間の危機の深い分析は、バルザックの『二人の若妻の手記』および、とくにトルストイの『アンナ・カレーニナ』のなかに見ることができる。

この危機の克服療法は、公共生活のなかにあるように思われる。公共生活というものは、二つのしかたで病気に効《き》く。まず、家庭同士と友人間の交際ということがある。この交際は夫婦の間に礼儀という関係をうち立てる。これが、いつでも表立ってあらわれる機会の多すぎるいっさいの感情のきまぐれをかくすためには、絶対に必要である。かくすため、ということをよく承知して欲しい。気分の動きにすぎぬものは、表現の機会がなくなれば、たちまち感じられなくなるものである。したがって、愛しているかぎり、礼儀の方が気分よりも本物だ。次には公共生活というものは、人間を忙しくして、安逸な閑居から遠ざける。閑居することは、どんなに心がけをよくしたところで、決して自然ではない。あまりに孤立して、ただ愛情という食物だけをくって生きている夫婦というものに常にあぶなっかしいものがあるのは、このためだ。そんな夫婦生活は、底荷のないために、軽すぎて波に揺られすぎる小舟である。反省による知恵も、そこではたいして役に立たない。感情を救うものは公けの約束事なのである。

一九一二年十二月十四日

三十八　倦《けん》　怠《たい》

建設すべきもの、あるいは破壊すべきものがなくなると、男性はたいへん不幸である。女性たち――ここで言うのはつくろいものをしたり赤ん坊の世話をしたりして忙しい女性たちのことだが――女性たちは、なぜ男たちが喫茶店に行ったり、トランプ遊びをしたりするのか、おそらく決して理解しまい。男性は自分自身と向いあって暮らし、自分自身のことを考えこんだところで、なんの生き甲斐も感じないのである。

ゲーテのすばらしい『ヴィルヘルム・マイスター』のなかに、「あきらめの会」というのがある。会員たちは、未来のことも過去のことも決して考えてはならないしくみになっている。これは、これを守れさえすれば、たいへんいい規則だ。しかし、守れるためには、手や目が忙しく立ち働いていなければならない。知覚し、行動すること、これが真の療法である。その反対に、たいくつして指をひねくりまわしたりしていれば、やがておそれや悔恨のなかに落ちこむにちがいない。考えるということは、必ずしもたいへん健康とはいえない遊戯のようなものだ。たいていは、どうどうめぐりをして、さきへ進まない。だからこそ偉大なジャン・ジャック・ルッソーが

「考えてばかりいる人間は堕落した動物である」と書いたのだ。

必要ということが、ほとんどの場合、われわれをどうどうめぐりから救い出してくれる。ほとんどの人が、なすべき仕事というものをもっている。それはたいへんいいことだ。われわれに欠けているものは、われわれを息抜きさせるちょっとした他人のための仕事である。女性たちが編物やレースかがりするのを、わたしはよく羨《うらや》んだものだ。彼女たちの目は、追って行くべき具体的なものをもっている。そのために、過去や未来のイメージはいなずまのように一瞬ぴかりと映るだけだ。ところが、暇つぶしの会合では、男たちはすることがなにもない。だから壜《びん》のなかの蠅《はえ》みたいに、ぶつぶつ言っている。

わたしは考えるのだが、病気でさえなければ、想像力があまりに奔放でありすぎて、思いめぐらす具体的な対象がない場合をのぞけば、不眠の時間だって、たいしておそれるにはあたらない。ある男が十時に床について、夜中まで眠りの神の助けを求めながら、寝床の上を鯉のように跳《は》ねまわる、その同じ男が、同じ時刻に、劇場にでもいようものなら、自分の存在さえすっかり忘れてしまうことだろう。

こうした反省は、金持連中の生活を満たしているさまざまな用件を理解するのに役立つ。連中は、無数の義務や仕事を自分でつくり出しては、火事場へでも行くように駆けまわる。一日に十回も人を訪ね、演奏会から劇場へかけつける。もっと血の気の多い者たちは、狩猟だの、戦争だの、危険な旅行だのに出かける。自動車でドライブしたり、飛行機に乗って骨折《こっせつ》するのを待ちどおしがったりする者もいる。かれらには、新しい行動や知覚が必要なのだ。望んでいるのは世間のなかで暮らすことであって、自分のなかで暮らすことではない。巨大なマストドン〔洪積層第三紀層から化石となって出てくる大昔の象〕が森林を食いつくしたように目で世界を食いつくす。もっとも単純な連中は、鼻や横腹を猛烈になぐられて遊ぶ。これで現在にもどされ、かれらはたいへん幸福である。戦争というものはおそらく、なによりもまず、倦怠に対する療法である。だから、こう説明できるだろう。戦争を積極的に欲しているのではないにしても、はじまればいつでもやる気になっている連中は、往々にして、失うべきものをもっとも多く持っている者たちである、と。死の恐怖などというのは、ひま人の考えであって、どんなに危険なものにせよ、ぬきさしならず行動に移ればたちまち消えうせてしまう。戦闘は、たしかに、死を考えることのもっとも少ない状況の一つである。ここから次のような逆説が出てくる。——生というものはこれを満たせば満たすほど、失う心配がなくなる。

一九〇九年一月二十九日

三十九　速　力

わたしは西部地方の新しい機関車の一つを見た。ほかのより長さも長く、高さも高く、かたちもすっきりしていた。部品の構成は時計の歯車のようにきっちりできている。ほとんど音を立てずに走る。車体のあらゆる部分が力を発揮し、それらがすべて同一の目的に向かっているのが感じられる。蒸気は、火から得たエネルギーのすべてを、ピストンを動かすことに費やしてからでなければ、外へ出ない。円滑な発車、規則正しい速度、動揺することなく動く圧力、そして二キロを一分ほどですべるように走って行く重い列車を、わたしは想像する。そして記念碑的炭水車は、どんなにたくさん石炭をたかねばならないかを、詳しく物語っている。

ここにあるのは、大量の科学、大量の計画、大量の試験、大量の鉄鎚《てっつい》ややすりの使用だ。これらはいったいなんのためか。おそらく、パリとル・アーブル〔パリ北西二二八キロにあるセーヌ河口の町〕の間の旅行時間を十五分ほど縮めるためだろう。ところで、幸福な旅行者たちは、こんな高価な代償を払って手に入れたこの十五分を、なににに使うのか。時間を待ちながら、プラットフォームですごす者も多いだろう。十五分だけよけいに喫茶店に残って、新聞を広告欄まで読む者もあろう。どこに利益があるのか。だれの利益になるのか。

奇妙なことには、列車の走りようがもう少し遅かったらたいくつする旅行者が、出発前か、到着後に、この列車はほかの列車より十五分早く走るのだということを人に説明することで十五分ぐらい費やしてしまう。だれでも少なくとも一日に十五分ぐらいは、この新偉力の話をするとか、トランプをやるとか、ぼんやりものを考えるとかしてすごしてしまうものだ。この時間を汽車のなかでむだにすることは、なぜしないのか。

どんな場所だって、汽車のなかほどいいところはない。わたしの言っているのは特急列車の話だ。どんな安楽椅子よりもはるかに坐《すわ》り心地《ごこち》がいい。広い窓からは、川や、谷や、小山や、村落や、町が横ぎるのが見える。丘の中腹の道や、その道路の上を走る車や、川を上り下りする舟の列などを、目で追う。国じゅうの富が、ときには小麦や黒麦、ときには甜菜《てんさい》畑や精糖所、それから美しい大樹林、それから牧場、牛、馬といったぐあいに、くりひろげられる。切通しの道は地層の断面を見せてくれる。まことにすばらしい地理のアルバムだ。めくる世話もなく、季節により、天候によりその日その日で変化する。小山のかげに雷雨がおころうとし、秣《まぐさ》を積んだ馬車が道をいそいでいるのが見えるかと思えば、別の日には、刈り入れ人たちが黄金色の埃《ほこり》のなかで立ち働き、空気は太陽の光をあびてふるえている。これに匹敵する眺めをもつものが他にあろうか。

それなのに、旅行者は、新聞を読み、印刷の悪い写真版をなんとかしておもしろがろうと努力し、時計をとり出し、あくびをし、旅行鞄《かばん》を開けたり閉めたりする。列車が着くがはやいか、辻《つじ》馬車を呼びとめ、まるで自分の家が火事にでもなったかのように駈けだす。夜になると、劇場に陣どったりする。厚紙に描かれた木立や、とり入れの真似《まね》や、つくりものの鐘楼なんかを感心してながめている。にせの刈り入れ人たちは、調子っぱずれな歌を大声で歌ってきかせるだろう。そして、かれは座席という一種の監獄のなかに閉じこめられて、すりむいた膝《ひざ》でもこすりながら、こう言ったりするだろう。「刈入れ人の歌は調子っぱずれだ。もっとも舞台装置は悪くない」。

一九〇八年七月二日

四十　賭《かけ》

ある人がよくこう言っていた。「たったひとりで暮らしていて、どんな欲望でも、どんな不安でも財産の力で解決してしまう人をわたしは可哀想だと思う。少し年でもとるか、病気にでもなったが最後、気の毒なものだ。自分のことばかり考えることになるからだ。もし、家族をかかえた一家の父であれば、たえず心配事があり、いつになっても借金から解放されないにしても、外見よりもはるかに幸福である。胃の腑の消化のことなどを考える暇がないからである」。少々の借金は残しておくべきだし、また、借金があったところで、苦にすべきではないというわけである。

可もなく不可もない、平穏で落ちついた生活を求めよ、と忠告するに当っては、そういう生活をささえて行くためには実に豊かな知恵が必要なのだということを、なかなか十分には言えないものである。財産や名誉を軽蔑するのは、結局はやさしいことだ。本当にむずかしいのは、一たび財産や名誉を軽蔑してしまったあとで、あまりたいくつしないですむようにすることだ。野心家というものは、めったにない幸福が見つかると思って、たえずなにかのあとを追っかけまわしている。だが、大いに忙しいことこそかれの一番の幸福なのである。なにかに失望して不幸なときでさえ、かれはその不幸によって幸福なのである。かれは不幸のなかに不幸からいえる療法を見るからである。そして、真の療法とは、かれがそこに療法を見るということなのである。われわれの目の前に地図の上の大国のように、はなはだ明瞭《めいりょう》にくりひろげられている必然性の方が、われわれの内部のくぼみに感ずる奥深い必然性よりも、いつでもはるかに値打ちがあるものなのである。

賭の情熱は、冒険欲というものを、赤裸々によけいな飾りなしに見せてくれる。賭をする人は絶対に安全ではない。だからこそ、面白くてたまらなくなるのだ。したがって、本当の賭手《かけて》というものは、注意力、用心深さ、腕まえなどが大いにものをいう賭を、あまり好まない。その反対に、ただ待つだけ、危険を冒すだけのルーレットのような賭にいっそう熱中する。これは、ある意味では、自分から進んで破局を求めることだ。かれは一瞬一瞬自分にこう言っている。「身からでた錆《さび》だ。こんどの玉で、おれは破滅するだろう」。危険きわまる探険旅行のようなものだ。ただ、違うのは、その気になりさえすれば、無事に家へ帰れるということである。しかし、危険なところが、また運まかせの一六《いちろく》勝負のおもしろさなのだ。何ものにも別に強《し》いられはしない。ただやりたいときにだけ危機に挑《いど》むのだ。その自由さが、たまらない魅力なのである。

おそらく戦争には、賭博《とばく》的なところがある。戦争をおこすのは倦怠《けんたい》だ。その証拠には、一番好戦的なのは、仕事も心配事も一番少ない人間にきまっている。こうした原因をよく承知していれば、美辞麗句にそうまどわされることもないであろう。金持で、暇のある人間がこんなことを言うと、たいへん強そうにみえる。「おれにとっては、生活は楽だ。おれがこんなに危険に身をさらし、こういうおそろしい危険を心から求めるからには、そこに、なにかやむにやまれぬ理由か、避けがたい必然性があるに違いないのだ」。

だが、そうではないのだ。かれはたいくつしている人間であるにすぎないのだ。もしかれが朝から晩まで働きずくめに働いていたら、これほどたいくつしなかったに相違ない。つまり、富の不平等な分配は、なによりもまず、栄養のいい多くの人間をたいくつさせるという不都合《ふつごう》をともなう。たいくつなので、それからのがれるために、心配したり、怒ったりすることになるのだ。こういうぜいたくな感情が、貧乏人にとって最大の負担《ふたん》となるのだ。

一九一三年十一月一日

四十一　期待

わたしは、火事があるとよく「保険」を連想したものだ。この保険という女神は、まだまだ、運命の女神フォルトゥナ〔ギリシャ、ローマ神話の美しい女神。fortuneという英語はここから発生する〕のようには愛されていない。人はこの女神を恐れる。いやいやながら、形ばかりの供物をささげる。これは理解しがたいことではない。保険の恩恵は、不幸が来たときでなければ与えられないのだから。あきらかに、一番いいのは、家が火事にならないことである。だが、それは手や足があるのと同じようにあたりまえすぎることであって、ことさら恩恵とは感じられない。こんな消極的な幸福に対して金を払うなんて、なんだか馬《ば》鹿《か》々々しい。保険料をいやな顔をしないで払うのは、大企業だけに違いない。大企業はなんにでも支払うものだ。しかし、また、一日のおわりに、その日の損益を知らない商店の幹部店員はあわれなものだと、わたしはおもう。かれらの本当のよろこびは、多分は大勢の傭い人に対して権力をふるうところから生まれるのだろう。

期待することばかりしていて、実際に手を下すことをしない連中は、保険が好きになれない。破産に対して保険をかける商人など考えられようか。超過利潤をみんなが共同に積み立てれば、これ以上簡単なことはあるまい。こうすれば、加入した店は、全体として、かなり繁盛するだろう。加入した商人たちは、固定給と恩給とを保証された役人のようなものとなるだろう。希望すれば、医療も療養所も保証される。新婚旅行も、何度かの慰安旅行も保証される。これはなかなか賢明な考えだ。そして、書物のなかで考えられている限りでたいへん結構な事柄だ。しかし、物質的生活がこのように文字どおり保証されたとしても、なお幸福はこれからつくり出さねばならぬものだということを忘れてはならない。自分自身のなかに財産をもっていない者は、倦怠《けんたい》に待ち伏せされ、たちまちつかまってしまう。

昔の人々が盲目の「運命」と呼んでいた「僥倖《ぎょうこう》」の女神は、はるかに愛情をこめてあがめられる。ここには絶大な希望がある。その代償としてあるのは、うまく行かないかも知れぬという心配だけである。そんなものは問題でない。あらゆる保険をとり扱う事務所というものを考えてみるなら、その入口には「ここに入る者、すべての期待を捨てよ」と書かれていなければならない。これに反して、期待の商人は男らしい勝負ができる。期待は、実際は虚栄にほかならぬ野心からは生じない。むしろ、常に行動をみちびいて、あらゆる職業の光明となり、よろこびとなる、あの疲れを知らない創意から生ずるのだ。ペレット〔ラ・フォンテーヌの『ファブル』中の「牛乳売りの女と牛乳壺」の女主人公〕にとって牛乳壺《つぼ》は休息を意味せず、むしろ反対に仕事を意味する。仔牛、牝牛、豚、仔豚――これら一切の面倒をみてやらなければならない。だれでもいつもの仕事をしているうちに、しなければならない別の仕事がでてきて、それに没頭したくなるものだ。期待は壁をうち破る。茂った雑草や茨《いばら》のくさむらのあるところに、整然とした野菜畑や花畑をみるのだ。保険は人間を獄舎に閉じこめる。賭《かけ》の情熱は考察に価する。賭では人間は、裸形の偶然、人間みずからこのんで創り出した偶然と格闘する。賭の危険に対しては、払いこみ金無料の保険が一つある。賭さえしなければいいということだ。だが、暇のある人ならほとんどだれもが、期待と不安という双子《ふたご》の姉妹をあがめて、トランプやさいころにとびつくのだ。そして、おそらく人間は、自分の腕まえで勝つよりも、僥倖によって勝つことの方を得意がろう。これは祝福するということばの意味するところからもわかる。祝福するとは、本来成功をほめることであって、才能をほめることではないのである。神々のよみしたまうものは何か、についての、これが古代人のいだいた観念である。そしてこの観念は、神々よりも生きながらえた。人間がもし、こういう存在でなかったら、平等の正義がとうの昔から支配していただろう。平等の正義はなにもむずかしいことではないからだ。しかし、人間というものは、むずかしくないものを、あまり好まない。シーザーは万人の野心によって万人を支配する。かれはわれわれの期待の帝王である。

一九二一年十月三日

四十二　行動する

競争選手たちは、みんないろいろと苦労する。フットボールやバスケットの選手もみんな苦労する。拳闘家もみんな苦労する。本を読むといつでも、人間は楽しみを求める、と書いてあるが、しかし必ずしもそうともいえまい。むしろ、人間は苦しみを求め、苦しみを愛しているように思われる。老ディオゲネス〔紀元前四世紀のギリシャの哲学者。富と因襲とを軽蔑し、自然のままに生きるのを信条とした。犬儒学者といわれる〕も「一番いいものは、苦しみである」と言っていた。このことから、人間はその求める苦しみのなかに楽しみを見いだすのだ、と言う人がいるかも知れない。だが、それはことばをもてあそんでいるだけのことだ。楽しみではなく、幸福と言うべきだろう。それに、この両者は隷属と自由とが違うように、全く違うものだ。人が欲しているのは行動することであって、耐え忍ぶことではない。自分からあんなに進んで苦労する人たちも、おそらく強《し》いられた仕事は好むまい。だれだって、強制労働は好みはしない。身にふりかかる災いを好む者はいない。窮乏を感じることを好む者はいない。しかし、自分で自由に苦労するが早いか、たちまち満足する。わたしはこの短文を書いている。筆一本で食っている文筆家のなかには、「たいへんな苦労だ」と言う者もあろう。ところが、わたしの場合はだれにも強いられていない。自分から好んでするこの仕事は楽しみなのである。もっと正確にいえば幸福なのである。拳闘家《けんとう》も向こうからなぐられるだけなのは好きでない。だが、自分から求めてなぐられるのは好きなのだ。われわれの力だけに勝敗がかかっているのならば、困難の挙句《あげく》の勝利ほど気持のいいものはない。実際のところ、人々の好きなのは実力だけなのだ。ヘラクレスは怪物をさがしもとめてこれを退治したことで、自分の実力を自分自身に証拠立ててみせた。しかし、恋に陥るやいなや、たちまちかれは自分が奴隷であることと、快楽のもつ支配力の強さを感じたのだ。人間はだれでもそうだ。だからこそ、快楽は人をもの悲しくさせるのだ。

守銭奴《しゅせんど》は多くの楽しみを自分に禁じる。まず楽しみにうちかつことによって、そしてまた、財力を蓄積することによって、強烈な幸福感をつくり出す。かれは自分が義務に服従することを要求したのだ。遺産で金持になった人が、もし守銭奴であるなら、それは物悲しい守銭奴である。およそ幸福というものは、本質的に詩《ポエジー》であり、ポエジーとは行動を意味するからである。人は棚《たな》ぼた式の幸福をあまり好まない。自分で幸福をつくり上げたいのだ。子供はわれわれの庭をまるで見向きもせず、砂の山や麦わらのきれっぱしなどを使って、自分でりっぱな庭をつくる。蒐集《しゅうしゅう》を自分でしなかった蒐集家というものが考えられようか。

戦争のおもしろみは、戦争をやることだと、わたしは確信している。身体を武装するやいなや、ひとりひとりにまぎれもない自由がうまれる。兵士たちに戦闘を強制しようとする司令部など、鼻のさきで笑ってしまう。兵士たちは、自分の自由を感ずるやいなや、新しい生活のなかに入り、そこに楽しみを見いだしているのだ。死を恐れる——それはいつでもそうに違いない。死を待ち、最後には死を甘受する——それはそうに違いない。しかし、死の前に躍り出て、試合場のように閉ざされた場所のなかに死を呼び出そうとする兵士は、自分を死よりも強いものだと感じているのだ。兵士たちにとっては、死を待つより死を探しだしに行く方が容易なことは、だれでもがよく知っている。人は、時のはこんでくる運命よりも、自分でつくりだす運命の方が好きだ。だからこそ、戦争のなかには詩《ポエジー》があり、そのために、敵を憎みさえしなくなる。この自己の陶酔の魅惑力を考えれば、なぜ戦争というものが、さらには情念というものが、おこってくるかがわかるというものだ。ペストは天災である。だが、戦争は賭け事と同じで人間のつくりだしたものだ。だからわたしは、慎重さだけでは平和を保証するには足りないと考える。平和を支えるのは正義への愛なのだ。そして、正義をつくりだすのは、橋やトンネルをつくりだすよりもむずかしい。だが、正義をつくりだすことによって、平和が存在するのだ。正義をつくりだすことによってのみ、平和が存在するのだ。

一九一一年四月三日

四十三　行動の人

わたしの好みでいえば、警視総監がもっとも幸福な人間である。なぜか？　かれはたえず行動しているからだ。しかも、たえず新しい、予見できない条件のなかで行動しているからだ。やれ火事だ、水害だ、地すべりだ、圧死だ。泥《どろ》のこともあれば埃《ほこり》のこともあり、病気のこともあれば熱狂のこともある。さらにまた、喧嘩《けんか》の仲裁をしなければならないこともあり、ときには群衆の貧乏をおさえなければならないこともある。こういうぐあいに、この幸福な人間は、ひっきりなしに、果断な行動が要求され猶予のない問題に直面している。そこには、一般的な規則などはない。紙屑《かみくず》のような書類もいらない。行政報告のかたちをとった非難や慰めも必要ない。そんなことは役所の事務の連中にまかせておく。御本尊は、知覚と行動そのものである。ところで、知覚と行動というこの二つの水門がひらかれると、生命の大河は人間の心を羽毛のように軽々と運んで行く。

そこに勝負事の秘密がある。トランプをやる。それは生命の流れを知覚から行動へときりひらくことだ。蹴球《しゅうきゅう》をやる。なおさら結構だ。予見しがたい新しい材料にもとづいて、すみやかにある行動を思い描き、ただちにそれを実行する。そうすれば申し分なく人生は満たされる。その上、いったいなにを欲するのか。なにを心配するのか。時間が悔恨を食いつくしてくれる。人はよく、泥棒《どろぼう》や追いはぎの精神生活はどんなものだろう、などと考える。そんなものはないのではあるまいか。いつでもねらっている。さもなければ、眠っている。手や足に先立って、予見能力があげて偵察する。だから、罰せられるという考えは、うかんでこない。その他のどんな考えも。この視野が狭窄した人間機械は空《そら》恐ろしい。だが、どんな人間にあっても、行動は意識を消し去るものだ。この行動の容赦ない暴力は、きこりの斧《おの》の一撃のなかから響きでてくるものだ。政治家の態度のなかにはそれほどはっきりでてはこないが、政治家のなしおえた仕事のなかには、しばしばあらわれでているものだ。まるで斧のような堅くて物に動じない人間にであったとしても、その男は自分自身に対してもほとんど容赦はしないのだということを知れば、それほど驚くにはあたるまい。力には情けというものはない、自分に対する情けさえも。

なぜ戦争をするのか？　人間がそこでは行動のなかにおぼれるからである。人間の考えというものは、発車すると暗くなる電車の電燈みたいなものだ。わたしが言うのは熟慮された考えのことである。行動の恐るべき力は、そこから出てくる。この力は、心のランプを消し去るから、勝手気ままに自分を正当化するのだ。もっとも、そのために、抑鬱病、厭世《えんせい》観、陰謀、偽善、怨恨《えんこん》、あるいは物語りめいた夢、手のこんだ悪徳、これらの反省によってはぐくみ育てられた卑《いや》しい情念のすべてが消し去られる。しかし、それと同時に、行動の流れにのまれて正義もまた消えうせるのだ。警視総監は、水害や火事に対してたたかうのと同じやり方で、暴動ともたたかう。すると、暴徒もまた自分のランプを消してしまう。野蛮未開の闇がおとずれる。だからこそ、棍棒《こんぼう》でこづいて拷問する刑吏もいれば、他人の証言を聞きいれる裁判官もいたのだ。腰掛にしばりつけられたまま櫂を動かし続けながらあえぎ苦しんで死に果てていった漕刑囚《そうけいしゅう》もいれば、その漕刑囚に鞭をふるう鞭《むち》うつ者たちもいたのだ。鞭うっている連中は、鞭のことしか考えていない。どんな野蛮制度も、一たびうち立てられてしまえば、ながながと続いてゆくものなのだ。警視総監はもっとも幸福な人間である。しかし、もっとも有益な人間だとは言わない。無為はあらゆる悪徳の母であるが、また同時に、あらゆる美徳の母なのである。

一九一〇年二月二十一日

四十四　ディオゲネス

人間は、意欲し、ものをつくり出すことによってのみ幸福である。このことはトランプ遊びを見てもわかる。顔をみればすぐわかるように、だれもが、一思いに決定し、ふんぎりをつける能力を自分がもっているかどうか、を考えている。切札をもったシーザーたちもいて、たえずルビコン川〔ガリア軍の侵入をおそれたローマ元老院は祖国を裏切り、この川を渡るものを地獄の神に捧げる決議をした。シーザーはこの決議をものともせずルビコンを渡って「運命の賽は投げられた」と叫んだ〕を渡る。運まかせの一六《いちろく》勝負でも、賭手《かけて》は、危険をかえりみずにやってみるか、やめるか、どちらでもできる全権限をもっている。どんなに危険でも敢行する場合もあれば、どんなに見込があっても思いとどまる場合もある。かれらは自分で目を統御する。かれは君臨する。普通の場合にはうるさい助言者である欲望やおそれも、ここでは予見がきかないために助言できない。だから、賭け事は自負心のつよい人たちの大好物である。欲望やおそれに負けて、勝負に勝つのをあきらめるような連中には、バカラ〔トランプ遊びの一種で、胴元と何人かの賭手の間で行なわれる〕で賭ける楽しみなどわかりはしない。しかし、かれらも試しにやってみれば、少なくともちょっとの間は権限をもつことの魅惑を知るに違いない。

どんな職業でも、自分が支配しているかぎりは愉快であり、自分が服従しているかぎりは不愉快だ。電車の運転手は、バスの運転手にくらべると幸福ではない。自由にひとりですると狩猟家ははなはだ楽しい。狩猟家は自分でプランを立て、それに従うなり変更するなりすればいいのであって、他人に報告したり弁解したりする必要がないのである。これにくらべれば、獲物を狩り出してくれる勢子《せこ》のまえでしとめる楽しみなどは、とるに足らない。射撃の名人は、自分の感動や驚きをおさえつけることのできる力をもっているものだ。こういうわけで、人間は楽しみを求め、苦しみを避けるものだなどと言う人たちの説明はまちがっている。人間は、与えられた楽しみにたいくつし、自分で獲得した楽しみをはるかに喜ぶものだ。しかも、なによりも行動し、征服することを好む。ひとから苦しめられたり、耐えしのんだりすることを好まない。だから、行動を伴わない楽しみよりも、むしろ行動を伴う苦しみの方をえらぶのだ。逆説家のディオゲネスは、苦しみはいいものだ、ということを好んで言った。もちろん、みずから選び、みずから求めた苦しみということだ。ひとから与えられた苦しみを好むものはだれもいない。

登山家は自分だけのもっている力を行使して自分で自分の力を立証する。かれは自分自身の力を感じると同時にそれを考慮する。この良質なよろこびが雪景色《ゆきげしき》をいっそう美しいものにする。だが、名高い山頂まで電車で運ばれた人は、同じ太陽を見ることはないだろう。したがって、楽しみに対する予想というものはわれわれを裏切るものだ、というのは本当である。しかもそれは二様にわれわれを裏切るのだ。行動することの楽しみは、必ず約束以上のものを払ってくれるものだが、与えられた楽しみというものは約束どおりのものを決して支払ってはくれないのだから。

運動の選手はほうびを獲ようとして練習する。しかしやがて、自分の内部にあって自分の力によってのみ手にはいる進歩、困難の克服というもう一つ別のほうびを獲得する。怠け者はこれは決して想像がつかない。怠け者は、他人から与えられるほうびと、自分の苦しみ、この二つしか見ないからだ。かれはこの二つをはかりにかけるが、決して決心しない。だが運動の選手は、もうきのうの練習に刺激されて立ち上り、仕事にとりかかり、そしてたちまち自分の意志と実力とをためしはじめる。こうして、仕事以外に楽しいものがなくなる。だが、怠け者はこんなことを知りはしないし、知るすべもない。人の話で聞いたり、思い出で知ったりしても、かれにはそれが信用できない。そこで、快楽を夢想する。だが、たちまちその夢想に裏切られて、憂鬱がおとずれてくる。考える動物が憂鬱になるときには、怒りがすぐそばまで来ている。だが、奴隷《どれい》であることの憂鬱さは、主人であることの憂鬱さよりも、まだしも忍びやすいようにわたしには思われる。行動というものは、たとえそれがどんなに単調な奴隷の行為であっても、いつでも少しは支配したり、考え出したりすべきものが残っているからだ。これに反して、他人によって作られた楽しみを受けとる者は、当然のことながら、もっとも意地悪となる。だから、金持は不機嫌《ふきげん》に、陰鬱な気持で支配する。労働者の弱点は、自分が希望している以上に満足しているところから由来する。かれが意地《いじ》の悪い人間をつくるのだ。

一九二一年十一月三十日

四十五　エゴイスト

わが西洋の諸宗教の誤謬《ごびゅう》の一つは、オーギュスト・コント〔十八世紀フランス実証主義哲学者。アランが深い影響をうけた思想家の一人〕も指摘しているように、人間というものは常にエゴイストで、神の助け以外にはこれをなおす薬がない、と教えたことである。この考えはすべてに、犠牲的精神にまでも、悪影響を与えた。そのため、もっとも普通な一般の考え方のなかにも、またもっとも自由な精神の持主たちのなかにも、自分を犠牲にする人でさえ快楽を求めているのだという奇怪な意見が見うけられるに至っている。「戦争が好きな奴もいるさ。正義が好きな奴もいるさ。このおれは酒が好きなのさ」。アナーキストそれ自身がすでに神学者である。反抗は屈辱への答えだ、もとをただせば同じ樽から出た酒だ、というのである。

実情はこう考えるべきだろう。一般に人間は快楽よりもむしろ行動を好むものだ、と。若者たちの競技を見ればよくわかる。フットボールの試合とは、押し合いと、なぐり合いと、蹴《け》り合い以外のなんであろうか。しかも、若者はみんなこのんでそれを行なうのだ。だから、試合の場面の一つ一つが思い出のなかに強く残って忘れられない。考えただけで、わくわくする。足がもう駆け出しそうになっている。自分に打ち克つことが、嬉しくて仕方ない。そのため打撲や苦痛や疲労などは、物のかずにはいらなくなるのだ。また、戦争というものも考えてみる必要がある。戦争というすばらしい勝負のなかでは、凶暴さよりも、自己に打ち克つ高邁さというものがどんなものか、それがよくわかるのだ。戦争のなかでとくに醜悪なのは、戦争を導く隷属状態と、戦争のあとの隷属状態である。戦争のまきおこす無秩序とは、要するに、最良の人々が死んで行き、もっとも悪がしこい連中が正義を犯して支配の機会を見つけるということである。しかしここでも、本能的な判断は過誤をおかすのだ。デルーレード〔ポール・デルーレード。十九世紀末から二十世紀初頭にかけてのフランス詩人、政治家。愛国者同盟の総裁〕のようなお人好したちは、思い違いをするのが楽しいのだ。

このことは考察に価する。エゴイストの手合いは、ごうまんにも嘲笑する。激しい苦痛や快楽の力には高邁さも空しく屈服する他はないものだと思いこみたがっているからだ。「名誉を愛するとは、あなたはなんという間ぬけだ。それも他人のためとは」。カトリックの天才パスカル〔一六二三—一六六二、フランスの宗教哲学者、数学、物理学者。合理的認識の精神だけでは、人間の諸問題は解決できないとし、直感的、情感的認識能力の重要性を力説した。さらにこれより、人間の二面性を悟らせるものとしてキリスト教を弁護した〕がこのことばを書いたのだが、この言葉にこもっていそうに見える深遠さは、見せかけだけであるにすぎない。パスカルは、こんなこともいっている——「他人が話題にさえしてくれれば、人間は喜んで命を捨てる」。ひとがくれた場合なら返してしまいたくなるような一匹の兎《うさぎ》をとろうとしてたいへんな苦労をする狩猟家を嘲笑《ちょうしょう》したのも、このパスカルである。人間は快楽よりも行動を、他のどんな行動よりも規律あるきちんとした行動を、またなによりも正義のための行動を愛するものだ、ということを、人間の目からかくすためには、きわめて根強い神学的偏見が必要であるというわけだ。行動から限りない楽しみが出てくることはたしかである。しかし、行動は楽しみを追っかけるものだと考えるのはまちがいである。楽しみは行動にともなって生まれてくるものなのだ。愛の楽しみは楽しみを愛することを忘れさせる。犬や馬に神として君臨するこの大地の息子である人間はこんなぐあいなできかたをしているのだ。

ところが、エゴイストというものは、誤った判断のために、その運命に対する義務を怠る。かれは、とらえるべき大きな楽しみをみとめなければ、指一本動かそうとしない。だが、こういう計算ずくにあっては、本当の楽しみは必ず忘れられる。本当の楽しみというものはまず苦しみを要求するものだからだ。だから、用心深く計算すると、必ず苦しみの方が上まわる。懸念の方がいつも期待よりも強い。エゴイストはけっきょく病気だの、老衰だの、避けがたい死だのを考えることになる。かれが絶望しているということは、かれは自分を誤解しているということをわたしに説明するものに他ならない。かれが自分というものをとりちがえていることが、わたしにはわかる。

一九一三年二月五日

四十六　王様は退屈する

少しは生きる苦労というものがあった方がいい。あまり平坦な一本道は歩まない方がいい。王様たちが万事思いのままだとすれば、気の毒なことだ。また、神々というものがどこかにいるとすれば、少々神経衰弱気味であるにちがいない。昔は神々も旅人の姿をして、戸口をたたきにきた、といわれる。たぶん、飢えと渇きと愛の情熱を感じて、少しばかり幸福を感じたに違いない。もっとも神々が自分が全能であることに多少とも思いを及ぼそうものなら、こんなふうに思っただろう。こんなことは全部遊びにすぎない、その気になりさえすれば、時間も距離も消失させて、自分の欲望を押し殺すこともできるのだ、と。要するに、神々はたいくつしていたのである。その時以来、神々は首をくくるか身投げをするかしたはずだ。さもなければ、神々はシャルル・ペローの童話の「森の眠り姫」のように眠っているのであろう。われわれを自分自身に対して目ざめさせるような、なんらかの不安、なんらかの情念、なんらかの苦しみがなくては、幸福というものはうまれてこないもののようである。

現実に恩恵をうけるよりは、頭のなかで考えていた時の方が幸福だ。これが普通である。現実に恩恵を手に入れると、これ以上言うところはないと考え、走りまわることをやめて坐りこんでしまうからである。富というものには二種類ある。坐らせておく富はたいくつのもとだ。人をよろこばせるのは、さらに計画や仕事を欲する富である。百姓がほしくてたまらず、ついに自分のものとした畑のようなものだ。人をよろこばせるのは力、それも休息している力ではなく、活動している力だからである。なんにもしない人間は、なんにも好きにならない。すっかりできあがった幸福を与えてみるがいい。病人のようにそっぽを向くだろう。それに、音楽をきくより自分で音楽をやる方を好まない者があろうか。むずかしいものこそがわれわれをよろこばす。だから、途上になにか障害物があるとそのたびに、血がわき、熱情が燃えあがる。なんの苦労もなしに手に入れたものなら、だれがオリンピックの月桂冠を欲しがったりしようか。だれもそんなものは欲しがらないだろう。負ける危険が決してなければ、だれがトランプ遊びなどしたがろうか。ここに廷臣たちとカードをする年とった王様がいたとする。王様は勝負に負けるとお腹だちになる。廷臣たちはそのことをよく知っている。廷臣たちが遊び方をよく心得てからというもの、王様は決して負けない。すると、こんどはカードを投げ出す。王様は立ちあがり、馬に乗る。狩に出かける。しかし、そこは王様の狩だ。獲物の方が王様の足下にやってくる。鹿もまた廷臣なのだ。

わたしは何人もの王様を知っている。それは小さな王国の小さな国王たちだ。かわいがられすぎ、おせじをいわれすぎ、だいじにされすぎ、かしずかれすぎる、家庭のなかでの王様たちだ。

かれらは、なにかを欲するひまもない。注意深い目がかれらの考えを見抜いてしまっている。さあ、こうなると、この小ジュピター〔ジュピターはギリシャ・ローマの神々の父。多くの属性をもつが「雷の神ジュピター」とも言われる〕たちはなにがなんでも雷をおとしたがる。不平の種を考え出す。気まぐれな欲望をつくり出す。はっきりしない一月の太陽のように気がかわる。是が非でも強情を通そうとする。そして、たいくつのあまり途方もないことをしでかす。神々がたいくつのあまり死んでしまっていないのだとするならば、この家庭という平坦な王国の支配をあなたに命じはしないはずだ。けわしい山あいの道を通って導いてくれるはずだ。井戸のような目と鉄床のような額とをもち、路上に自分の耳の影を見ても、ただちに立ちどまるような、アンダルシア〔スペインの南部の地方。土地は豊饒で長い間アラビア人たちの支配下であった〕産のよい驃馬を道づれとして与えて下さるはずだ。

一九〇八年一月二十二日

四十七　アリストテレス

いやいやがまんするのではなくて、進んで行なう、これが心地よさの基礎である。ところが、砂糖菓子は口のなかで溶かしさえすれば、ほかに何もしなくともけっこううまいものだから、多くの人々は幸福を同じやり方で味わおうとして、みごとに失敗する。音楽は、聞くことだけしかせず、自分では全然歌わないのなら、たいして楽しくはない。だから、ある頭のいい人は、音楽を耳で鑑賞するのではなく、喉で味わうのだ、と言った。美しい絵からうける楽しみでさえ、下手でもいいから自分で描いてみるとか、自分で蒐集するとかしなければ、休息の楽しみであって、熱中の楽しさは味わえない。大切なのは、判断するだけにとどまらず、探求し、征服することである。人々は芝居を見に行き、自分でいやになるくらい退屈する。自分でつくり出すことが必要なのだ。少なくとも自分で演ずることが必要なのだ。演ずることもまたつくり出すことなのだ。俳優たちが思う存分楽しむ社交遊びの思い出を持たない人はないであろう。わたしは、人形しばいのことばかり考えてすごした幸福な数週間のことを思い出す。だが、ことわっておくが、わたしは小刀で木の根に、高利貸だの、兵隊だの、きむすめだの、老婆だのを刻んでいたのである。

ほかの連中がそれらの人形に衣装を着せた。わたしは観客のことなど眼中になかった。批評などというとるに足らぬ楽しみは観客どもにまかせておいた。いくらかでも自分で考え出したという点では、批判もまた楽しみではあるのだが。トランプをやっている連中は、たえずなにかを考え出し、勝負の機械的な進行に手を加える。勝負のできない人間に向かって、トランプが好きか、などときいてはいけない。ゲームを知ってしまえば、政治のことで不愉快になったりしなくなる。だが、それにしても、ゲームを学ばなければならない。なにごとにおいてもそうだ。幸福になるには、幸福になり方を学ばなければならない。

　幸福はいつもわれわれから逃げてゆくものだ、といわれる。ひとから与えられた幸福を言うのなら、それは正しい。与えられた幸福などというものはおよそ存在しないからである。しかし、自分でつくる幸福は、決して裏切らない。それは学ぶことであり、そして、人はたえず学ぶものだ。知れば知るほど、学ぶことができるようになる。ラテン語学者の楽しみもそういうものだ。そこにはきりというものがなく、むしろ進んだだけ楽しみが増える。音楽家であることの楽しみも同様である。だからこそ、アリストテレス〔紀元前三八四―三二二。ギリシャの哲学者、形而上学、数学、論理等を研究した。彼は事物の原因に質料と形相の二者を認め、あらゆる存在を両者の結合、あらゆる生成過程を可能的存在の現実的存在への転化と考えて、古代最大の学問体系をうちたてた。プラトンの弟子、アレキサンダー大王の師〕は次のような驚くべきことを言う。真の音楽家とは音楽を楽しむ人であり、真の政治家とは政治を楽しむ人である、と。「楽しみとは能力のあらわれである」と、かれは言っている。その理論など忘れさせてしまう用語の完璧さをもつ素晴らしいことばだ。古来、何度となく否認されてきて、しかもびくともしないこの驚くべき天才を理解しようと思うのなら、ここのところによく注意する必要がある。いかなる行動においても、真の進歩のしるしは、人がそこに感じうる楽しみに他ならない。したがって、仕事こそが心を楽しませる唯一のものであり、しかもそれだけでじゅうぶんなのだ。わたしの言う仕事とは、力のあらわれであると同時に、力を生みだす源泉でもある自由な仕事のことだ。くりかえしていうが、大切なのはがまんすることではなくて、行動することである。

だれでも見たことがあるように、石工たちはゆっくり時間をかけて小さな家をつくる。かれらが一つ一つの石を選んでいる様子を見て欲しい。この楽しみはどんな手仕事にもある。職人はいつでも考え出しては学んでいるからである。ところが、職人が自分のつくった物となんらの関係ももたず、自分のつくった物を所有することもなく、さらに学ぶために使用することもなく、たえず同じことをはじめからくりかえす場合には、きわめていい加減なことになる。機械的な完全さが退屈をうむことは、もちろん言うには及ぶまい。これに反して、仕事の継続、作物が次の作物を約束すること、それが農夫を幸福にする。もちろん自由で自立している農夫のことだ。ところが、たいへんな労苦によってあがなわれるこういう幸福に対して、だれもがみんなさわがしく反対する。人から与えられた幸福を味わいたいなどというけしからぬ考えがはびこっているからだ。ディオゲネスがいうとおり、苦しみの方がいいのだ。だが、精神はこの矛盾を背負って行きたがらない。この矛盾にうちかつことこそ大切なのだ。くりかえしていうが、この苦しみを反省することから幸福をつくり出さなければならない。

一九二四年九月十五日

四十八　幸福な農夫

働くことはもっともよいことであるとともに、もっともわるいことである。それが自由なものならもっともよいし、隷属的なものならもっともわるい。わたしが最高度に自由なものと呼ぶのは、扉をつくる指物師のように、自分の知識により、経験にしたがって、働き手自身が規制する仕事のことだ。しかし、自分で使うための扉をつくる場合には、事情は同じではない。そのときには経験が未来をもってくるからだ。かれは実地に材木の性質をたしかめてみることができることとなろう。また、予想した割れ目が予想通りにできるのを見て、自分の目をほこることともなるだろう。知能は扉をつくらない場合には情念をつくる。この知能の働きを忘れてはならない。人間は、物以外の主人を持たず、自分の仕事の跡を見守っていることができれば幸福である。物の教訓はいつでも快くうけ入れられるものだ。自分が航海するのだったらいっそういい。船をこぐ一舵ごとに思いあたるふしがあり、船をつくるときのどんな小さな配慮も生きてくる。よく郊外などで、労働者が自分で手に入れた材料で、暇をみて少しずつ家を建てているのを見かけることがある。宮殿だって、こんな幸福を与えはしないだろう。王子にとっての真の幸福も、自分の計画どおりに建てさせることにある。だが、戸の挿鍵のうえに、自分の金づちの跡を感じることのできる人こそなにものにもまして幸福である。してみると、まさしく苦しみが楽しみをつくるのだ。だれでも、きわめてやさしいが命令ずくの仕事よりも、自分で考え、自分の意志でまちがえることもあるむずかしい仕事の方を選ぶだろう。最も悪いのは、親方がやってきてじゃまをしたり、中断したりする仕事である。なんでもやらされるお手伝いさんは包丁を使っているときに床の掃除を言いつけられることがある。そのときのお手伝いさんこそ、この世で一番不幸な被造物である。ところが、彼女たちのなかでもっとも精力的な女性たちは、自分の仕事を自主的に行なう権利を獲得して、自分で自分の幸福をつくり出すものだ。

したがって、自分の畑を耕すのであれば、農業はもっとも気持のいい仕事である。たえず夢想は仕事から成果へ、はじまった仕事から継続する仕事へとかけめぐる。収穫そのものさえ、人間の刻印で飾られた土地そのものほどには、眼前に存在してはいないし、たえず知覚されていもしない。自分で敷いた砂利の上を思いのままに車をひくことは、かぎりない楽しみなのだ。いつも同じ丘の斜面で働くことを保証されているならば、たいした儲けなんかなくともかまわないのだ。だから、土地にしばりつけられていた農奴は、ほかの奴隷ほど奴隷的ではなかったのである。どんな隷属の身分でも、自分の仕事に対する権能と、永続きのする確実性とが得られるならば、たえうるものである。こうした規則をまもるならば、人を使うことも、さらには他人の労働によって生きることさえも、むずかしくはない。ただし、主人というものはたいくつする。そこで、賭けごとにふけったり、オペラの女優に熱をあげたりということになる。社会の秩序が破られるのは、いつでもたいくつや、たいくつまぎれの気違いざたのためである。

現代の人間とても、ゴート人、フランク人、アラマン人〔ライン河のほとりに居住したゲルマン諸部族の連合〕その他の恐るべき略奪者たちとたいして変わりはしない。ただし、かれらは決してたいくつしない、そこだけが違う。自分の意志にしたがって、朝から晩まで働くならば、かれらは決してたいくつすることがないだろう。したがって、集団農業はたいくつした者たちの不安を、まつげでも動かすみたいなたわいないものに変えてしまうのだ。だが、大量生産は同じような困難きりぬけ策とはならないと知るべきである。おそらく、ブドーを楡の木にからませるようなぐあいに工業を農業にからませることが必要であろう。すべての工場が田園工場になる。すべての工場労働者が耕地を所有し、自分で耕作する。この新しいサラント〔ギリシャ神話に出てくる古代イタリアの町。フェヌロン『テレマック』で空想的理想の国の名とされている〕が、動揺する精神のかわりに、安定した精神をうみだしてくれるだろう。だがこういう試みは、踏切番のせまい庭にも見られるではないか。草が敷石の間からはえでるのと同じたくましさで執拗に鉄道のへりに花を咲かせているではないか。

一九二二年八月二十八日

四十九　労働

ドストエフスキーは、『死の家の記録』のなかで、徒刑囚たちのありのままを描いてみせてくれている。徒刑囚たちからは、余計な偽善はいっさいとりあげられているといえる。徒刑囚たちには、ぎりぎりの偽善はまだ残っているものの、人間存在の深奥がときとして姿を露呈する。

徒刑囚たちは労働している。そして、しばしばその仕事はおよそ無益なものである。たとえば薪をつくるために古い船をこわすのだが、この地方では薪はほとんどただ同然なのだ。かれらはそのことをよく知っている。だから、かれらは昼の間なんの期待もなく働いているかぎり、怠惰で陰鬱で無器用である。だが、それさえすませばあとは遊べる仕事が与えられた場合には、たとえそれがつらく困難な仕事であっても、たちまちかれらは器用で、巧妙で、陽気になる。その仕事が、たとえば雪かきなどのような、実際に役に立つ仕事であれば、いっそう、そうなる。だが、なんの注釈もついていないありのままの驚嘆すべき叙述を読むことが必要であろう。そうすれば、役に立つ仕事はそれ自体が楽しみなことがわかる。仕事それ自体なのであって、そこから引きだす利益によってではない。たとえば、かれらは決められた仕事を熱心に、快活にやって、そのあとで休息する。仕事が終わったあとで、ふだんの日よりたぶん三十分ぐらい暇な時間が多くもてるだろうという考えが、かれらを働かせ、はやくやってしまうことに意見を一致させる。一たびこうして問題が出されると、この問題それ自体がかれらを楽します。仕事のやりかたについて考え、理解し、意欲し、実行する楽しみの方が、その三十分から期待できる楽しみよりもはるかにまさるものだ。三十分は、しょせんは牢獄の三十分でしかないのである。わたしの想像では、この三十分がかなりいいものだとすれば、それも熱心に働いた労働のなまなましい思い出のためであろう。人間の楽しみの最大のものは、おそらくは何人もの人と協力しあって行なう困難ではあるが自由な仕事なのだ。さまざまな遊戯を見ればよくわかることである。

子供たちを一生涯怠け者にしてしまう教育家たちがいる。それはただ、かれらが子供たちにのべつ幕なしに勉強させようとするからだ。すると、子供はのろのろと勉強する、つまり下手に勉強するようになってしまう。その結果、一種の重苦しい疲労感がたえず勉強につきまとってくることになる。これと反対に、勉強と疲労とをきりはなせば、疲労も勉強もこころよいものとなる。だらだらした勉強は、歩くためだけの、空気を吸うためだけの散歩のようなものだ。散歩している間じゅう、疲労している。家に帰ってくると、もうなんでもない。ところが、どんなつらい仕事の途中でも、人は疲れも不快も感じない。その仕事が終われば完全にくつろぎ、やがてぐっすりと眠る。

一九一一年十一月六日

五十　制作

手をつけられた仕事は、動機よりもはるかに説得力を持つものだ。協力するためには動機が必要である。きわめて強力な動機が必要である。だが、その動機を自分の心のなかで確認したり、検討したりしながら、一生涯決して協力することはないという場合もありうる。だが、うまれつつある協同組合が、設立者を出現させるのだ。そして、どんな仕事においても、当座のつなぎの役に立つ待歯石のようなものがあるということが、その仕事を続けるためのじゅうぶんな根拠なのだ。だから、前日の仕事に自分の意志の刻印をみとめうる者は幸福である。

人間はたえずなにかよいことを目ざしている、といわれている。だが、わたしのみるところ、人間はただ理屈で考えて正しいと見える目的のまえでは怠け者だ。人間の想像力は、まだなんのかたちもとっていない仕事に人々の関心をむけうるほどの威力はもっていない。だからこそ、やればいいなと考えるくせにやらない仕事が、われわれのまえにたくさんあるのだ。想像力がわれわれを欺く欺きかたはひととおりではない。だが、それは主として、想像力が人間にありありとなまなましい興奮を感じさせるために、想像力はものの真実をつげてくれる能力を持つものだと、われわれが思いこんでしまうことからおこるのである。だが実は興奮というこの不毛な運動は、それだけのものに終わってしまう。興奮はいつも現在形であるが、計画は常に未来形である。そのために、「いずれはやる」という、怠け者のことばが出てくる。しかし、人間のことばとしては、「いまやっている」とこそ言うべきだ。行動こそが未来をはらんでいるのだから。未来というものは予見しえない。仕事のなかの未来についても同様である。できあがった仕事がわれわれに開示してくれる未来は、われわれが考えていた、もっとすばらしかったはずの未来では決してない。しかし、そのことをだれも信じることができない。空想家たちは、おれの計画はほかの連中のやった仕事よりもはるかにすばらしいんだ、などとくりかえす。

だが、仕事に専念している幸福な人々を見るがいい。かれらはみんな、はじめた仕事をやり続ける。店を拡張した食料品店の経営や切手の蒐集などの仕事をやり続ける。やり出せば、どうでもいい仕事などないことを、だれでもが知っている。わたしのみるところ、かれらはみんな、想像することにあきあきし、当座の役にたつ自分の待歯石の発見を熱望しているのだ。刺繍ははじめの幾針かは、あまりおもしろくない。しかし進むにつれて、加速度的な力でわれわれの欲望に働きかける。だから、信じるということが第一の力であって、期待は第二の力であるにすぎない。最初はなんの期待もなしに始めなければならない。増大や進歩がうまれてからのちに、期待はあらわれるのだから。真の計画は着手された仕事の上にしか成長しない。ミケランジェロ〔一四七五—一五六四。イタリアルネッサンス期の彫刻家、建築家、画家。ルネッサンス様式を完成。バロック様式の基礎をつくる。次第に観念的傾向をまし、絶望した人間の苦悩を主題とするにいたり、孤独のうちに生涯を送った〕が、描くべき人物のすべての姿を頭のなかにいだいてから、描きはじめたのだなどとは、決してわたしは思わない。必要にせまられたときにも、かれはただ、「でも、それはわたしのなすべきことではないから」としか言わなかった。かれは描きはじめるだけだ。すると、人物が姿をあらわしはじめるのだ。これがつまり描くということ、わたし流にいえば、自分のつくってゆくものを発見することなのだ。

幸福というものは影法師のように、われわれの手につかまらないものだ、とよくいわれる。たしかに、頭のなかで思い描いた幸福は決してわれわれの手には入らない。幸福は決して頭のなかで思い描いた幸福ではなく、また思い描きうるものでもない。それは実質的なものに他ならない。われわれはその姿を造形することができない。そして、作家たちが知っているように、よい題材などというものはない。さらにいうならば、よい題材などは信用するな、題材にただちに近より、仕事に着手して、幻影を追いはらうべきだ、といいたい。つまり、期待などはすておいて、信念をもつことだ。再建のために破壊だ。小説のきっかけをつくった本物の冒険と、小説そのものとの間に、常に存在する驚くべき相違は、おそらくこのことから理解できよう。画家はモデルの微笑によって、あなたを楽しませるのではない。

一九二二年十一月二十九日

五十一　遠くを見よ

抑鬱病にかかっている人に、わたしの言いたいことは、ただ一つしかない。「遠くを見よ」。ほとんどすべての場合、抑鬱病患者というのは、ものを読みすぎる人間だ。ところが、人間の目というものは、書物との間の距離のような短い距離に合うようにはつくられていない。広々とした空間のなかで憩うものなのだ。星や水平線をながめていれば、目はすっかり安らいでいる。目が安らいでいれば、頭は自由になり、足どりもしっかりしてくる。身体全体がくつろいで、内臓までがしなやかになる。だが、意志の力でしなやかになろうなどとつとめてはならない。自分自身の意志を自分自身だけに指し向けると、ぎこちない行動ばかりがうまれて、やがては自分で自分ののどをしめるようなことになる。自分のことを考えるな。遠くを見よ。

抑鬱病が病気だというのは、全く本当だ。医者が、ときにはその原因を見抜いて、治療のやり方を指示することもある。だが、この治療は注意を肉体にひきもどす。そして、養生法に従おうとする気づかいそのものが、治療の効果そのものをだいなしにしてしまう。したがって賢い医者であれば、患者を哲学者のところへ差し向ける。だが、患者が哲学者のところへ駆けつけると、どういうことになるか。哲学者というのは、あまりにものを読みすぎている人間、近視になった目でものを考える人間、そして患者であるあなた以上に陰気な人間ではないか。

国家は医学の学校とならんで知恵の学校を経営すべきだろう。どういう風にか。物事の凝視という真の科学と、世界そのものの大きさをもつ詩とによってである。広大な水平線の上にそそがれて憩うわれわれの目のありかたが、われわれに大きな真理を教えてくれるのだ。思考は肉体を解放して、これをわれわれの真の祖国である宇宙にかえすべきである。われわれ人間の運命と、肉体の機能との間には、深い近親関係がある。動物は、周囲の事物の刺激がなくなれば、たちまち横になり、眠ってしまう。人間ならば思考する。もしそれが動物のような思考ならば、人間にとって不幸なことだ。思考することによって人間は自分の不幸や欠乏を増加する。恐れや期待になやむ。その結果、肉体は、想像力のいたずらによって、たえず緊張したり、動揺したり、興奮したり、抑制したりする。自分の周囲の事物と人間をたえず気にし、たえずうかがうことになる。そして、自分を解き放とうとする場合には、こんどは書物にとびこむ。これも閉ざされた宇宙であって、目に近すぎ、情念に近すぎる。思考は自分から牢獄をつくり、苦しみあえぐ。思考が自らを狭めるということと、肉体が自分を苦しめるということとは、同じことなのだ。野心家は演説を千度でもくりかえし、恋する男は千度でも懇願をくりかえす。肉体の健全なることを望むならば、思考が旅行し、思考が凝視しなければならぬ。

科学がわれわれをそこへ導いて行ってくれよう。ただし科学が、野心を持たず、饒舌でなく、短気でもない場合に限るのだが。つまり、科学がわれわれを書物から遠ざけ、われわれの視線を水平線の距離まで押しやる場合に限るのだが。知覚することにつとめ、旅行することにはげまなくてはならない。あなたが一つの対象との間に真実の関係を発見すれば、次の対象との、さらには千もの多くの対象との関係の探求へと、あなたは導かれてゆくこととなる。この川の渦巻き運動はあなたの思考を風にまで、雲にまで、惑星にまで運んで行く。真の知識は決して、目のすぐそばにある些細な事物になどもどってこない。知るとは、いちばん小さな事物がどんなふうに全体と結びついているかを理解することだから。どんなものでも、それ自体のなかに理由はない。したがって、正しい運動とは、われわれをわれわれ自身から遠ざける運動だ。われわれをわれわれ自身から遠ざけることは、目に対してと同様、精神に対しても有益である。そうなれば、思考はその領分である宇宙のなかに安らぎを得て、これまたあらゆるものと結びついている肉体の生命と調和することとなるであろう。キリスト教徒は「天はわが祖国なり」と言ったが、これは当人が考えた以上の至言である。遠くを見よ。

一九一一年五月十五日

五十二　旅行

　このごろのように休暇になると、町は劇場を次から次へと観てあるく人たちでいっぱいになる。明らかに、短い時間に多くのものを観たいからだ。観た話をするためなら、これが一番いい。引きあいに出す場所の名が多い方がいいからだ、暇つぶしにはなる。しかし、自分のため、また本当に観るためだというのなら、わたしは理解に苦しむ。駆け足で観たのでは、どれもこれも似たようなものになってしまう。急流はしょせん急流だ。だから、大急ぎで世界を駆けめぐる人は、旅行後でも、旅行前より思い出はたいして増えてはいないものだ。

　見世物の真実の富は細部にある。観るとは、細部を一つのこらず見、細部の一つ一つに立ちどまり、そして、ふたたび全体を一目で把握することである。こういうことを人々が迅速におこなったうえで、次の劇場にかけつけて、更に同じことをくりかえさせるのか、それはわたしにはわからない。ただ、わたしには、そんなことはできない。毎日ひとつの美しいものが眺められる、たとえばサントゥアン寺院を自分の家の絵のように利用できるルーアンの人々は幸福である。

　それにひきかえ、たった一度だけある美術館を訪れるとか、観光地へ行くとかの場合だと、かならずさまざまな思い出がいりまじって、ついには線のぼやけた灰色の絵のようなものになってしまわざるをえないのである。

わたしの好みでは、旅行するとは、一度に一メートルか二メートル歩いては立ちどまり、同じものの新しい局面をあらたにながめることである。よくあることだが、ほんの少し右か左へ行って腰をおろせば、すべてが変化する。それも百キロメートルも歩いたより以上に。

急流から急流へと行くなら、見るのはいつも同じ急流だ。しかし、岩から岩へと行けば、同じ急流でも一歩ごとに別なものになる。そして、すでに見たもののところへもどってみれば、それは新しいもの以上に心をとらえるし、実際にも新しいのだ。要は、変化に富んだ、豊かな観物を一つ選ぶことである。そうすれば、習慣のなかに眠りこむこともあるまい。さらに、よく観るすべを知れば知るほど、どんな観物でも、かぎりないよろこびを与えてくれるものであることを言いそえておかねばならない。それに、どこにいたって星空をみることはできる。これは美しい断崖ではなかろうか。

一九〇六年八月二十九日

五十三　短刀の曲芸

ストア主義者たちの魂の堅固なことはだれでも知っている。かれらは、憎悪、嫉妬、恐怖、絶望などのさまざまな情念に関して知的な推論をすすめたのち、すぐれた馭者が何頭もの馬を御することができるように、それらの情念を制御することができるようになった。

かれらの推論のうちで、いつもわたしをよろこばせ、一度ならずわたしに役立ったものが一つある。それは過去と未来に関するものだ。かれらは言う。「われわれが耐え忍ばねばならぬのは現在だけだ。過去も未来もわれわれを苦しめることはできぬ。過去はもはや存在せず、未来はいまだ存在しないからだ」。

しかし、これは真実である。過去や未来は、ただわれわれがそれらを考えるときにしか存在しない。それらは臆測であって、事実ではない。われわれが自分自身にかずかずの苦しみの種をあたえたからこそ悔恨や恐れができあがる。わたしは、たくさんの短刀をつぎたして一本の長い棒のように操る曲芸師を見たことがある。それは額の上にはえたおそるべき一本の木のようであった。もちろん、曲芸師が額で平衡をとって支えていたのだ。これと同じように、われわれも軽卒な曲芸師として、自分の悔恨や恐れをつぎ足し組み上げて、持ち歩いている。ただし、かれが支えるのが一分間なら、われわれの支えるのは一時間だ。かれが一時間なら、われわれは一日、十日、数ヶ月、数年間支えて歩いている。足の悪い人は考える。きのうも苦しんだ、まえにも苦しんだことがあった、あすも苦しむだろう、と。一生嘆き悲しむのだ。この場合、知恵があまり役立たないことは明らかだ。いつでも現在の苦痛というものがとり除きえないから。しかし、精神上の苦痛なら、後悔したり取越し苦労したりすることから癒えれば、あとになにが残るだろうか。

恋する男は女につれなくされて、寝床のなかで眠らずにもだえ苦しみ、ひどい復讐を計画する。だが、もしかれが過去のことや未来のことを考えなかったら、苦悩は消えてなくなることであろう。失敗のために苦しみぬいている野心家も、過去をよみがえらせたり、未来を考えだしたりさえしなければ、苦しみはどこにもありはしまい。山の頂上に岩を持ち上げていっては転がりおちた岩をまた持ちあげてゆく苦しみをくりかえす、あの伝説のシジフォス〔ギリシャ神話でコリントの王、世界一の悪がしこい男。死神をあざむくことしばしば。ゼウスの秘密をあばいたため永遠に大岩を山頂におしあげねばならぬ刑罰を課せられたのは有名である〕を、この野心家のなかに見る思いがしないだろうか。

このように自分を責めさいなんでいる人々のすべてに、わたしはいいたい。現在のことを考えよ、と。刻一刻とあらたに続いてやまない自分の生活のことを考えよ。ときは刻々と移って行く。きみは現に生きているのだから、きみが現に生きているように生きてゆくことは可能なのだ。ところが、未来がおそろしいなどと、きみは言う。きみは自分の知らないことを話しているのだ。

できごとというものは、いつだって、われわれの期待どおりにおこるものではない。なるほどきみは現在苦しんでいるが、その苦しみがいまたいへん激しいからこそ、その苦しみはこれからへってゆくに違いないと考えることができるのである。すべては変わり、すべては過ぎ去る。この格言はしばしばわれわれを悲しませた。だが、多少はわれわれを慰めるときもあるのだ。

一九〇八年四月十七日

五十四　地獄の引導

　ときどき路上で、ひなたぼっこをしたり、またはやっとの思いで家路をたどったりしている幽霊のように痩せさらばえた人間に出会うことがある。こういうひどく衰弱していまにもぽっくり逝きそうな人間を見ると、最初は抑えがたい恐怖を感じる。われわれはこう言いながら逃げる。「なんだってあの化け物は死ななかったのだろう」。しかし、本人は、やっぱり生きることを愛しているのだ。だから、ひなたぼっこをする。死にたくはないのだ。ここがわれわれの思考のたどりにくいけわしい道だ。思考はしばしばそこでつまずき、傷つき、いら立ち、まちがった小径にとびこむ。すぐにそういうことになるのだ。

　こういうものを見たあとで、わたしが慎重な手探りの言葉によって正しい道を探していたとき、目の前にひとりの友人があらわれ出た。かれは目のなかに地獄の炎を燃やして、身体をぶるぶるふるわせている。だがやがてどなりはじめた。「すべてが悲惨だ。丈夫な者たちは病気と死をおそれている。おそれることに全力をあげている。恐怖をひとつも手離さない。あますところなく味わっている。そして、病人たちはどうか。かれらは死をまねきよせて死んでしまったらいいのだ。ところが決してそうしない。死を押しかえすのだ。この死の恐怖が病気につけ加わる。きみは言うだろう。生きていることがそんなにつらいのなら、なにも死をおそれることはないではないか、と。しかし、きみもわかるだろう、死と苦しみとを同時にいやがることだってありうるんだ。そして、そうやってわれわれは死んで行くのさ」。

かれは自分の言ったことが絶対に自明の真理だと思っているようであった。まったく、そう思おうと思えば、わたしにもやっぱりそう思えるのだ。不幸になるのはむずかしいことではない。むずかしいのは幸福になることである。だからと言って、幸福になろうと努力しない理由にはならぬ。その反対だ。虎穴に入らずんば虎児をえず、という諺もある。

わたしには、こういう地獄の引導から自分を守らなければならない理由がある。こういう引導は、いかにも自明のように見せる虚偽の光によって、人を欺くものだ。わたし自身、自分は救いようのない不幸のうちにあると、何度自分に向かって説得しようとしたであろう。なんのためか。女の目のためだ。たぶんまぶしいか、疲れたか、空の雲のかげのためにくらくなったかした女の目のためだ。なにかつまらぬ考えのため、腹立ちのため、顔つきやことばつきにあらわれでている（とわたしの推察する）虚栄心の打算のため、そんなことのためだ。

こういう奇怪なおろかしさは、人間だれしも身に覚えがあるものだ。一年も経つと、それを大笑いするのだ。わたしの経験から、わたしは次のことを銘記した。涙、はじまろうとするすすり泣き、胃袋、心臓、腹、激しい身ぶり、筋肉のひっつりなどが推論にまぎれこむや否や、情念はわれわれを欺くものだ、と。素朴な人たちは何度でもこの罠にひっかかる。しかしわたしは、この虚偽の光が間もなく消えることを知っている。わたしはただちに消したい。それはわたしにできる。自分が引導をわたすようなことをいわなければいいのだ。わたしは自分の声が自分に対してどんなに強い影響を与えるか。よく知っている。だから、わたしは自分自身に対して、悲劇俳優としてではなく、ただ親しくじかに話しかけたいのだ。以上はことばつきについての話だ。わたしはまた、病気や死はだれにもおとずれる自然なしろものであること、それに逆らうのは確かにまちがった非人間的な考えであることを知っている。正しい人間的な考えというものは、必ずなんらかのかたちで、人間の条件と事物のありかたに即応するようにできているものなのだから。怒りを養い、怒りに養われる愚痴のなかに軽々しく身を投じてはならないじゅうぶん強力な理由がそこにある。愚痴の世界は、どうどうめぐりで出口のない地獄だ。悪魔はわたしだ。同時に、亡者もわたしなのだ。

一九一一年九月二十五日

五十五　泣き言

新しい年のはじめに際して、太陽がもっとも高いところまでのぼっていってから、もっとも低いところにまで降りてくるのに必要な一年という時間のはじめに際して、わたしがあなたにお願いしたいことは、いっさいはますます悪くなるだろう、などということはいってはならない、考えてもならない、ということである。「金銭への飢餓感。快楽への熱望。義務の忘却。青年の傲慢。前代未聞の盗みと犯罪。ほしいままな情熱の濫費。狂った季節。冬のまっさいちゅうだというのに、わたしたちはなまあたたかい夜を送っているのだ」。これは、人間の世界とともに古いきまり文句だ。これはただ、次のことを意味しているにすぎない。「おれは、胃袋の方も、楽しみのほうも、もう二十歳のときのようには行かないわい」。

感じていることをこういう言い方でしか表現できないのだというのならば、病気の人の陰気さをがまんする時と同じように、この言葉にもがまんできよう。しかし、言葉というものは、それ自体途方もない力をもっているものである。言葉は悲しみをあおる。悲しみを増大させる。外套のようにあらゆる事物を覆ってしまう。こうして、結果が原因になる。よく、子供が自分で友だちにライオンや熊の恰好をさせておきながら、そのライオンや熊をひどくこわがることがある。それと同じだ。当然の悲しみから、自分の家を霊柩台のように飾った人にとっては、一切のものが苦しみを強く思わせるものとなり、ためにいっそう悲しくなるばかりである。われわれの観念についても同じだ。もしわれわれが不機嫌のあまり、人間を暗鬱な色で塗りつぶし、政治を腐爛したものとして描くなら、こんどはこの粗描そのものがわれわれを絶望のなかへ投げ入れる。したがって、もっとも聡明な人が、しばしばもっとも見事に自分自身からあざむかれることになる。

一番わるいのは、この病気が伝染することである。精神のコレラのようなものだ。わたしの知人にもいるが、ある種の人たちのまえでは、昔にくらべると役人は概して清廉で、勤勉になったなどと言おうものならたいへんなことになる。自分の情念のままに行動する人たちには、きわめて自然な雄弁と、人の心をうつ真面目さがあるので、多くの人々から拍手される。そうなると、公平なことを言おうとする人は、道化役や悪ふざけ役を果たすことになってしまう。こうして、泣き言は教義となって確立され、やがて礼儀の一部になる。

きのう、ひとりのカーテン屋の職人が、話の前おきに、なにげなくこう言った。「季節ってやつはもうなくなりましたね。これで冬なんですからな。なんのことやらわけがわかりませんや」。同じせりふを、かれは去年の夏のひどい暑さのあとでも、なんども言ったものだ。かれだってほかの人たち同様夏の暑さは感じていたに違いない。しかし、覚えこんだきまり文句の方が、事実よりも強いのだ。わがカーテン屋を笑うのもいいが、あなた自身も注意した方がいい。すべての事実が、去年の夏のさかりと同じようにはっきりと、いきいきと思い出せるものではないからだ。
わたしの結論はこうである。よろこびは若いから権威がない。悲しみは王座にあって、いつも尊敬されすぎている、と。だからわたしは、悲しみには抵抗しなければならぬ、ということを言っておきたい。よろこびがいいものだからという理由だけのためではない。それも一種の理由であるにはあるのだが。それよりはむしろ、公平でなければならないからである。そして、いつも雄弁で、いつもおうへいな悲しみが、人の公平であることを決して望まないからである。

一九一二年一月四日

五十六　情念の雄弁

情念の雄弁に、われわれはほとんどいつも欺かれている。わたしのいう情念の雄弁とは、われわれの肉体の休息または疲労、興奮または衰弱に応じて、想像力が展開する、悲しくあるいははしゃいだ、輝かしくあるいは陰惨なまぼろしのことだ。これに欺かれた場合には、当然といえば当然のことながら、われわれは、多くの場合些細でとるに足りぬ真の原因を見抜いて是正するかわりに、事物と人間仲間を非難することになる。

このごろのように、世をあげての試験々々のはじまりとなると、多くの受験者は夜遅くまで電燈の光りで勉強し、目は疲れ、頭は混乱して痛みを感ずる。こんなものは、休息と、睡眠をとればたちどころになおる。ところが、うぶな受験者はそんなことを考えもしない。かれがまず確認することはこうだ。自分はなかなか覚えない、考えがまとまらない、著者の考えていることが紙の上にへばりついていて、こちらに伝わってこない、といったことだ。そこで、試験のむずかしさや、自分の才能のことなどを考えて、悲しむ。それから、過去を見渡し、すべての思い出を同じ陰気な靄を通して眺め、こんなことに気がつくか、気がついたと思いこむ。自分は役に立つようなたいしたことはなに一つもしなかった、すべてやり直しだ、なんの知識もえられていない、頭のなかでなに一つ整理されていないんだ、などと。こんどは未来を眺めて、時間はもうあまりないのに、勉強はなかなかはかどらない、と考える。そこで、書物にまい戻り、頭をかかえこむ。こんなときには、横になって、眠ってしまう方がいいのだ。心痛のためかれには療法がわからない。そして、かれが勉強に突進するのは、かれが疲れているからこそなのだ。この場合かれに必要なのは、デカルトやスピノザによって、いっそうはっきりと解明されたストア学派の深い知恵であろう。想像力の提示する証明をたえず警戒しながら、反省力によって情念の雄弁の実体を見抜き、それを信ずることを拒絶しなければならぬ。そうすれば、たちまちどんな激しい心痛をも払いさることができるであろう。少しばかりの頭痛や目の疲れなら、がまんもできるし、長続きもしない。しかし、絶望というものはおそろしい。絶望そのものが絶望の原因を悪化させる。

これこそ情念のもつ罠である。たいへんな怒りに燃えている人は、自分自身に向かってたいへん感動的で明らかな悲劇を演じているわけなのだ。かれはその悲劇のなかで自分の敵のあらゆる過ち、その悪だくみ、その下準備、その侮辱、その今後の企てなどを自分に見せつける。すべてが怒りによって解釈され、そのためますます怒りが増大する。復讐の三女神フリコスを描いて、自分が描きだしたその女神の姿をこわがる絵かきのようなものだ。こういうわけあいがあるからこそ、ごく小さなことが原因であったのに、心臓と筋肉の激しい運動が加わったばかりに、次第に大きくなりまさって、ついには嵐のような猛烈な勢いになってしまう怒りが生まれてくるのだ。

しかし、こういう嵐のような興奮を静める方法が、歴史家の立場でものを考えて受けた侮辱、復権要求などを検討することでないのは明らかである。それらの侮辱や被害や復権要求はすべて精神錯乱の場合と同じく、虚偽の光りに照らし出されたものだからである。この場合もまた、反省によって情念の雄弁を見抜き、それを信ずることを拒むべきである。「あのうそっぱちの友人は、また今度もおれを軽蔑した」などといわずに、「こう興奮しているのでは、おれは正しくものを見ることも、判断することもできない。おれは、自分自身に向かって大みえをきる悲劇役者にすぎないのだ」と言うことだ。そうすれば、劇場には観客がいなくなって照明が消される。そして、みごとな舞台装置もらくがきにすぎなくなるだろう。これこそが本物の知恵というものだ。不正の詩を打ちのめす現実的な武器というものだ。ところが悲しむべきことには、妄想のなかに身をおいて自分の不幸を他人に与えることしかできない際物の人間性探究家《モラリスト》たちによってわれわれは助言をうけ、指導されているのである。

一九一三年五月十四日

五十七　絶望について

ある人がこんなことを言っていた。「悪者はこれしきのことで自殺なんかしない」。心の正しい人間が名誉を傷つけられたと思いこんで、自殺したところ、自分の名誉を傷つけた人間だと思いこんでいた人たちから死を悼まれたということは、よくあることだ。長くわれわれの記憶に残って消えないこの悲劇について、公正で道理正しくあろうとする人が、他人から攻撃され征服されるに至らなければ、ある種の情念を抑制しえなかっただろうように思えるのはどういうわけあいのものなのか、そしてまた、そういう人はどういう考えをもてば絶望とたたかえるのだろうか、そういうことをわたしは探ってみることにする。

情勢を判断する、むずかしい問題を提出する、その解決をさがす、全然見つからない、どうすればいいのかわからない、考えが調教場の馬のように同じところでどうどうめぐりする、このことだけはなんともつらい、そして知性もまたわれわれを刺す針をのんでいるなどと、あなたは言うかもしれない。ところが、決してそうではない。まずそういう誤謬に陥らないことこそが必要なのだ。まるでわけがわからなくなる問題というものがたくさんある。だが、そんなものは容易にあきらめられる。弁護士とか、清算人とか、裁判官とかは、ある事件を見込みがないとはっきり決定できるか、それとも、寝食を忘れてでもやらないかぎり全然決定できないか、どちらかだ。解きがたく紛糾した考えにあって、われわれを悩ますものは、その紛糾した考えそのものではない。むしろ、それに対するたたかいと抵抗がわれわれを悩ますのだ。あるいは、もしもそういってよいならば、事柄が現在あるようではあってほしくないという欲求がわれわれを悩ますのだ。情念のあらゆる動きのなかには、とりかえしのつかぬもの、たとえば、だれかが、ひとりの愚かな、または虚栄心の強い、または冷淡な女に恋して苦しんでいる場合、それはかれがなんとしても、彼女が現在のようではなくなってほしいと思っているからである。同じように、そうすれば破滅を免れず、またそのことがよくわかっているときでも、情念はどこか別のところへ行く分岐点を見いだすために、思考にもう一度同じ道を戻ることを希望し、また命令する。しかし、その道はもう通ってきたのだ。いまいるところは、いまいるところ以外ではないのだ。そして、時間という道では、あとへひきかえすこともできなければ、同じ道を二度たどることもできはしない。だから、わたしはいいたい。強固な性格とは、自分がいまどこにいるか、事態はどうなのか、とりかえしのつかぬものは正確になんであるかを、自分自身に向かって言い、そこから未来に向かって出発する人のことだ、と。だが、これは容易なことではない。そして、それには些細なことがらのなかで練習することが必要なのだ。さもないと、情念は檻のなかのライオンのようになるだろう。ライオンは、檻のなかのあっち側の隅にいたときにはわざとこちらを見ないでいたのだから、そのうめあわせなのだとでもいうかのように、こちら側の隅の柵の前から離れずに何時間も何時間も足踏みしているのだ。要するに、過去を思いめぐらすことから生まれるこの悲しみは、無益であるばかりか、きわめて有害でさえある。われわれをいたずらに反省させ、いたずらにさがし求めさせるからだ、後悔することは過去を二度くりかえすことだ、とスピノザ〔一六三二—七七。オランダのユダヤ人哲学者。商人の家にうまれユダヤ教の教育をうけた後、ユダヤ教の唯一絶対神とデカルトの二元論を総合して一元論をとなえた。事物を神との関係から直観することにともなう喜びが至上の幸福〕は言っている。

悲しんでいる人間が、もしスピノザを読んだことがあれば、こう言うだろう。「しかし、悲しいときには、いつだって快活ではありえない。悲しいかどうかは、わたしの気分、疲労、年齢、天気ぐあいなどによるのだ」。よろしい。それをあなた自身に向かって言うがいい。本気でそれを言うがいい。悲しみをその本当の原因のところにつき返すがいい。そうすれば、あなたの重苦しい考えも雲が風に吹きとばされるように追いはらわれることだろう。地上は不幸でおおわれているかもしれない。だが、空は晴れわたるのだ。それだけでももうけものだ。あなたには悲しみを肉体のなかへつき返したのだから。その結果、あなたの考えはきれいにはき清められたようになっているはずだ。あるいは、お望みとあらばこう言ってもいい。思考は悲しみに翼を与えて、飛翔する悲しみと化するのだ、と。これに反して、反省は、そのねらいが正しい場合には翼をへし折って這いまわる悲しみにすぎないものとしてしまうのだ。悲しみはいつもわたしの足もとにある。しかし、もうわたしの目の前にはない。ただ、これが厄介なところなのだが、われわれはいつも高く高く飛翔する悲しみを望んでいるのである。

一九一一年十月三十一日

五十八　あわれみについて

　世間には、人生を暗くする親切、陰鬱そのものの親切がある。一般にこれはあわれみと呼ばれているが、これは人類の災禍の一つだ。やせこけて、肺病やみだと思われている男に向かって、敏感な女がどういうふうに話しかけるかを、見るがいい。涙ぐんだまなざし、声の調子、話す事柄、すべてがあきらかにこのあわれな男を見放しているのだ。しかし、かれは少しも苛立たない。かれは、自分の病気に耐えるように、他人のあわれみに耐えている。いつだってこういうぐあいなのだ。だれもがかれのところへ来ては、少しずつの悲しみをそそいで行く。だれもがかれのところへ来て、きまり文句を繰りかえす。「あなたがこんな状態でいらっしゃるのをみると、胸も張りさけんばかりです」。

　もう少し話のわかった人たち、もっとよくことばを慎む人たちもいる。こんどは元気づけのことばだ。「悲観することはない。陽気でもよくなれば、快方へ向かうよ」。しかし、こんどは態度がにつかわしくない。やはり、お涙頂戴の歌謡曲調なのだ。ほんの微妙な調子のちがいでも、病人はよく気がつく。驚いたようなまなざしだけで、どんなことばよりも多くを伝えてしまう。

ではいったい、どうしたらいいのか。それはこうだ。悲しんでいてはなるまい。期待すべきなのだ。自分のもっている希望しか、ひとにはやれないのだ。自然の成り行きに期待し、未来を明るく考え、そして生命が勝利をうることを信じなければならぬ。普通思うよりも、これはずっとたやすい。自然なことなのだから。生きとし生けるものは、生命が勝つものと信じている。さもなければ、たちまち死んでしまうことだろう。この生命の力によって、われわれは、やがてこのあわれな男を忘れてしまうことになる。ところで、かれに与える必要があるのは、この生命の力なのだ。現実にかれをあまりあわれみすぎてはいけない。冷酷で無関心であっていいというのではない。そうではなくて、快活な友情を示すことだ。だれだってあわれみを吹きこむことは好きではない。そして、自分がいても健康な人間のよろこびを消し去りはしないということが病人にわかれば、かれはたちまち立ち直り、元気が出る。信頼こそがすばらしい霊薬なのだ。

われわれは宗教によって毒されている。人間の弱点や苦しみをねらって、人々を考えこませるような説教の一撃で死にかけている人間にとどめを刺す司祭は、よく見かけるところだ。わたしはこういう葬儀人夫の雄弁をにくむ。説教すべきは生についてであって、死についてではない。注ぐべきは希望であって、恐れではない。だからこそ、人類の真の宝であるよろこびを、共同して育成すべきだ。これこそ、偉大な賢者の秘訣であり。明日を照らす光明であろう。情念はどれも悲しい。憎しみは悲しい。よろこびは情念をも憎しみをも、退治するだろう。だが、さしあたっては、悲しみは決して気高くも、美しくも、有用でもない、とだけいっておくことにしよう。

一九〇九年十月五日

五十九　他人の不幸

人間性探究家《モラリスト》――たしかそれはラ・ロシュフーコー〔一六一三―八〇。貴族として軍務に服したのち、失明し、機智と諷刺にみちた「箴言集」を書く〕だったと思うが――はこう書いた。「われわれはいつでも、他人の不幸に耐えるだけの力はじゅうぶんもっている」。このことばには、たしかに真実なものがある。しかし、これは半分の真実でしかない。はるかに注目に価するのは、われわれはいつでも自分の不幸に耐えるだけの力はじゅうぶんもっている、ということだ。まさにそうでなければならない。必然がわれわれの肩に手をかけたときには、もうのがれられはしない。そうなれば、死んだ方がいい。あるいはできるかぎりの力をつくして生きることだ。そして、大部分の人は後者の方をとる。生命力というものはすばらしい。

水害の罹災者の場合もそうだ。かれらは適応した。小舟へのタラップのあぶなっかしさに、少しも愚痴をこぼさなかった。かれらはそこに足をかけた。学校その他の公共の場所にすし詰めにされた人たちは、そこをできるだけうまい具合に一時の宿とし、せいいっぱい食べ、眠った。戦争に行ったことのある人たちも、同じような話をする。ひどくつらいのは戦争しているからではなくて、足がつめたいからなのだ。火を燃やすことばかり夢中になって考える。いったん身体があたたまると、それだけですっかり満足するのだ。

生活が苦しければ苦しいほど、いっそうよく苦痛に耐え、いっそうよく楽しみを味わえるものだ、とさえ言いうるだろう。これからさき起こることもありうるかも知れないというだけの不幸まで予見する暇なんぞないからである。予見は必要によって制約されているのだ。ロビンソン・クルーソーは、自分の家を建て終わってのちにはじめて祖国をなつかしみはじめたのである。金持が狩猟を気に入るのも、おそらくこういう理由によるのだ。狩猟には、足が痛くなるというような近い将来の不幸もあり、よく飲みよく食らうというような近い将来の楽しみもある。そして、行動がすべてを運び去り、すべてをしばりつけてくれる。注意力のすべてをたいへんむずかしい行動に向ける人、そういう人は完璧に幸福である。自分の過去や未来のことなど考える人は、完全には幸福になれない。人はさまざまな事柄の重荷をになうかぎり、幸福であるか、破滅するか、どちらかでなければならぬ。しかし、不安がりながら自分という重荷をになうと、たちまちすべての道がけわしくなる。そして、その道をゆけばゆくほど過去と未来が背中にのしかかってくる。

要するに、自分のことを考えてはならない。他人が自分自身を語る言葉をきけば、わたしはわたし自身のことを反省せざるをえなくなる。これは面白いことだ。いっしょに行動すること、いつでもこれに限る。話をするため、苦情をいうため、非難しかえすために、いっしょになって話す。これがこの世の最大の災禍の一つである。人間の顔はおそろしく表情にとんでいるから、それを見ているわたしにとりまぎれて忘れていた悲しみを呼びおこしてしまうのだ。だが、それはここでは問題の外におくことにしておこう。世のなかで生きていって一人一人の他人と接触して、その他人と口でする返答、目でする返答、心のこもった返答などをやりとりしてゆくことによって、はじめて人間はエゴイストになる。一つの不平は無数の不平をあおり立て、一つの恐怖は無数の恐怖の口火をきる。一匹の羊が、羊の群のすべてを走らせる。感じやすい心の持主が、いつでも少々人間嫌いなのは、そのためだ。このことを頭にいれて友人とつきあわねばならない。みだりにひとの口の端にのぼることを用心して孤独を求める敏感な人間を、エゴイストと名づけるのは早計にすぎよう。親しい人の顔にあらわれた不安、悲しみ、苦しみが耐えがたいのは、薄情とはいえない。そして、進んで他人の不幸に口出しする人々が、かれら自身の不幸に対して、もっと多く注意をはらっているかどうか。それはあやしいものである。注意でなくて、勇気でも、冷静さでもいいが、あの人間性探究家《モラリスト》はいじわるであったにすぎない。他人の不幸は堪えがたい重荷なのである。

一九一〇年五月二十三日

六十　なぐさめ

幸福と不幸は想像する事は不可能である。本来の意味での快楽のことをいっているのでもなければ、リウマチスや虫歯や宗教裁判所の拷問などのような苦痛のことを言っているのでもない。そういうものなら、そういうものをひきおこした原因を思いおこすことによって、想像してみることができる。たとえば煮え湯が手にかかったとか、自動車にはねとばされたとか、戸に手をはさんだとかいうような場合だったら、いつでもわたしは自分の苦痛がほぼ見当がつくし、ぎりぎりの限度までは他人の苦痛もわかる。

ところが人を幸福にしたり、不幸にしたりする意見の微妙な相違点ということになると、他人にしても自分にしても予見することも想像することもできはしない。すべては思考の流れ方次第だ。そして人は好きなようには考えていないものである。まして少しも楽しくない考えだったら知らず知らずにその考えから逃げだすのが当然である。たとえば、芝居は荒々しい力でわれわれをとらえ、われわれの心を現実世界からそらしてしまう。ところがその荒々しい力を与える原因となるものは、書割《かきわり》の星だの、わめき声だの、泣くふりをする女だのというようなつまらぬものであって、ここに注意して見るならば、荒々しい力などといっても馬鹿々々しいものである。しかし、こういう猿まねが、涙を、しかも本物の涙を流させるのだ。下手《へた》にきどったせりふのおかげで、あなたはちょっとの間、あらゆる人間のあらゆる苦しみをになうことになる。ところがその一瞬あとにはあなたは自分自身と、あらゆる苦しみとから千里もはなれた遠い旅先にいることになるかもしれない。悲しみとなぐさめとが鳥のように枝にとまっては飛び去っていってしまう。これには我ながら赤面しよう。モンテスキュー〔フランスの法哲学者。『ペルシャ人への手紙』『法の精神』などの著作により、近代的法の精神を確立した〕のようにこう言って赤面するだろう。「わたしには、一時間の読書で追いはらいえなかったような悲しみは、あったためしがない」。だが、本当に読書すればわれを忘れてしまうことは明らかである。

馬車にのせられて断頭台に行く人は気の毒である。だがもしかれがほかのことを考えているとしたら、馬車のなかにいても現在のわたし以上には不幸であるまい。かれが曲がりかどだの、馬車の動揺だのを勘定しているとすれば、かれは曲がりかどや動揺のことを考えているということになる。遠くに見えているポスターがあってそれを読もうと努めるとしたら最後の瞬間においてもそれが気になって仕方がないかもしれない。そのことについて我々はなにを知っているだろうか。かれは何を知っているだろうか。

わたしは溺死しかけた友人の話をきいたことがある。かれは船と波止場との間におちて、かなりの時間船体の下に入っていた。引きあげられたときには意識を失っていた。だから、かれは死から生きかえったのだといえる。かれの思い出はこうである。かれは水のなかで両眼をあけていた。すると自分のまえに錨索《いかりづな》がただよっているのがみえた。かれはそれにつかまれると思ったが少しもそうしたい気が起こらなかった。青い水とただよっている錨索とでかれの頭のなかはいっぱいだった。かれの伝えるところでは最後の瞬間はこうだったのである。

日付なし

六十一　死者崇拝

死者を崇拝することは美しい慣習である。十一月二日の万霊節つまり死者の祭りは、適切にも、太陽がわれわれを見捨てることを明瞭に示す徴候のあらわれる時期に定められている。色あせた花、人にふみつけられた黄や赤の落葉、長い夜、夕方のようにものうい真昼、すべてが疲労や休息や睡眠や過去を思わせる。年の暮れというものは、日の暮れがたや、人生の暮れがたのようなものだ。もはや、未来は夜と眠りしか与えてくれはしない。したがって、思考はもはやなされてしまったこととの上に立ちかえり、歴史的な思考となる。このように、慣習と天気とわれわれの思考の流れの間には、調和があるのだ。だから、こういう季節には、亡霊たちを呼び起こして、これに話しかけようとする人が少なくない。

だが、どうやってよび起こせばいいのか。どうやって亡霊たちをよろこばすことができるのか。ユリシーズ〔ギリシャの大叙事詩人ホーマーの主要作〕は亡霊たちに食べ物を与えた。われわれは花をもって行く。しかしすべてのささげものは、われわれの考えをかれらの方へ向け、かれらとの会話をつづけるためのものにほかならない。あきらかに、人がよび起こしたいのは死者の考えであって、その肉体ではない。また、かれらの考えが眠っているのは、われわれ自身の内部においてであることも明らかである。だからといって、花も花輪も花で飾られた墓も意味がない、ということにはならない。われわれは自分の好きなようには考えず、われわれの思考の流れは、主としてわれわれの見、聞き、触れるものによって左右されるのであるから、われわれがある夢想をいだこうとするためにある情景をつくるのは、もっとも至極のことなのである。情景と夢想とは切っても切れない間柄なのだから。宗教上の祭式に価値があるのは、まさしくこの点なのである。もっともそれは手段にすぎない。目的ではない。それゆえ、ミサをきいたり、祈禱をとなえたりするようなぐあいに、死者を訪ねに行ってはならない。

死者たちは死んではいない。このことは、われわれが生きていることから、じゅうぶん明らかである。死者は考え、語り、そして行動する。かれらは助言することも、意欲することも、同意することも、非難することもできる。これは本当だ。しかし、それには、耳を傾けることが必要である。すべてはわれわれの内部にあるのだ。われわれの内部に生きているのだ。

あなたはこう言うかも知れぬ。それならば、われわれは死者たちを忘れることができない。しかも、かれらのことを考えることは無用である。自分のことを考えることが死者たちを考えることとなるのだ、と。それはそうだ。しかし、普通は、人は自分のことをほとんど考えない。本当に自分のことを、真剣に自分のことを考えない。われわれは、自分自身の目からみると、あまりに弱く、あまりに移り気である。あまりに自分自身に近すぎる。正しい均衡をたもちながら自分についての正しい見通しを見いだすことは容易ではない。そうだとすると、たえず自分の欲している正義のことばかり考えている正義の味方とは、いったい何者だろう。これに反して、われわれは、つまらぬことは忘れる敬愛の心から、死者自身の真実に即応しつつ死者を見るのだ。そして、おそらく最も偉大な人間的事実である死者の助言の力は、かれらがもはや生存していないということに由来する。生存するとは、周囲の世界の衝撃に答えることだからである。生存するとは、一日に何回となく、一時間に何回となく、自分のあるべき姿を忘れることである。そこで、死者はいったい何を欲しているのだろうと考えることが、大きな意味をもってくるのである。しっかりとものを見、よく耳をすますがいい。死者たちは生きようと欲している。あなたの内部で生きようと欲している。かれらの欲したものをあなたの生命が豊かに展開することを、死者たちは欲している。だからこそ、墓というものはわれわれを生命へと送りかえすのだ。だからこそわれわれの思念は、来るべき冬を快活に跳びこえて、来るべき春と最初の若葉へとおもむくのだ。きのうわたしは、葉の落ちかけているリラの木を見たが、そこにはもう若芽が出かけていた。

一九〇七年十一月八日

六十二　まぬけな男

気違いのようになって咳の発作に身をゆだねている人々は、そうすれば喉のかゆさがへるものだと考えているのだ。こんな結構な動作のために、かれらはのどを刺激し、息をきらし、へとへとになる。だから、病院や療養所などでは、決して咳をしないように患者に教える。それにはまず、できるだけ咳をがまんすることだ。ちょうど咳が出そうになったときに、つばを呑みこめば、なおさらいい。出すのと呑みこむのとの二つの運動をいっしょにやることはできないからだ。それからまた、のどのかゆさを不愉快がったり怒ったりしないことだ。気にとめないようになれば、咳などというものはひとりでにおさまってしまうものだ。

同じように、自分で自分をかきむしっては、苦痛といりまじった奇妙な快感を味わっている病人もいる。そんなことをすると、あとになってもっとひどい、ひりひりする痛みがやってくる。この連中も自分からすすんで咳をする手合いと同じことで、自分自身に対して、躁暴性の気違いのようになる。こういうのがまぬけな男のやらかすことだ。

不眠症にもこれと同じ種類の悲劇がある。自分自身がでっちあげる病気に苦しむのだ。寝入らずにしばらくは休息していても、なんらさしつかえはないはずなのである。それに、寝床のなかに入っているもの、そんなに悪いものではない。ところが、頭が働く。眠りたいと自分に言う。なんとかして眠ろうとする。そのことに決意のいっさいを集中して、それもうまく集中して、そのためかえって、心の意志と注意力そのもののために、目があいてしまう。でなければ、いらいらする。時間を数える。貴重な休息の時間をもっとうまく使わないのはばかげていると考える。同時に、陸《おか》に上がった鯉のように跳びあがったり、寝返りをうったりする。まぬけな男のやり方だ。

あるいはまた、なにか不満なことがあると、夜ばかりか昼の間も暇さえあれば、その問題にたちかえる。自分自身の話を、まるで机の上に開いた陰気な小説ででもあるかのように、読み続ける。つまり、自分の悲しみのなかにひたる。そして、悲しみを楽しんでいる。忘れるのがこわくて、そこへ立ちもどる。予想しうるかぎりのあらゆる不幸を見渡す。要するに、自分の痛いところをひっかく。まぬけな男のやり方だ。

恋する女につれなくされた男は、ほかのことを考えようともしない。過ぎ去った幸福や、不実な女の完璧な美しさ、彼女の裏切や不義などを思い起こす。みずからすすんで自分を鞭うつ。しかし、ほかのことを考えることができないのならば、せめて自分の不幸をほかの見方から見てみるべきであろう。あんなのは、もうみずみずしさを失ったつまらぬ女さ、とでも考えることだ。お婆さんになったその女との生活を想像してみることだ。過去のよろこびを綿密に吟味してみることだ。自分自身の熱狂をさし引いて考えてみることだ。気が合わなかったときのことを思い浮かべてみることだ。それは幸福なときには見のがすが、悲しみのなかにあっては、なぐさめとして役に立つ。最後に、なにか身体上の特徴に注意をとめてみることだ。気にくわない目、鼻、口、手、足、声音。こういうものは必ずある。これこそ英雄的な療法だといいたい。こみ入った仕事やむずかしい行動にとびこむ方がずっとやさしい。だが、いずれにしても、淵に身を投げるようなぐあいに不幸にとびこんだりせず、努力してみずから慰めなければならぬ。そして、真面目にそういう努力をする人たちは、自分が考えるよりもずっとはやくなぐさめられることだろう。

一九一一年十二月三十一日

六十三　雨のなか

本物の不幸もかなりあるにはある。そうだとしても、人々が一種の想像力の誘惑によって不幸をいっそう大きくしていることには、依然としてかわりない。自分のやっている職業について不平を言う人に、あなたは毎日、少なくともひとりぐらいは出あうだろう。そして、その人の言い分は、いつでもじゅうぶんもっともだと思われるだろう。どんなことにも文句はつけられるものだし、完全なものなどなにもないからである。

あなたが教師だったら、こう言うだろう。何一つ知らず、何一つ興味を持たない若いけだものを教えなければならないのだ、と。技師だったら、書類の山に押しつぶされている、というだろう。弁護士だったら、こちらの言うことをききもせず居眠りしながら条文を読んでいるような裁判官のまえで弁護するのだから、というだろう。あなたの言うことはたしかに真実だ。わたしもそう思う。こういう事柄はいつも、人々が真実であるといえる程度には、真実なのである。こういう事柄につけ加えて、あなたの胃の調子がわるいとか、靴がぬれているとかという事情が加わっているのだったら、わたしにはよく、あなたの気持が理解できる。胃の調子や靴の具合などのそんなつまらないことのために、人生や人間や、またもしあなたが神の存在を信じているなら、神様まで呪うことになるのだ。

だが、ここに一つ注意すべきことがある。それは、そんなことを言えば際限がないし、悲しみが悲しみを生み出すのだ、ということである。こうして運命について不平を言うことは、不幸を増すことであり、笑う希望をとりあげてしまうことであり、そのために胃のぐあいそのものまでいっそうわるくなるのである。もしひとりの友人がいて、その男が万事につけてにがにがしげに不平をもらすとすれば、もちろんあなたは、かれをなだめて、世の中を別の視点から見させるように努めるだろう。きみはなぜ、きみ自身にとってかけがえのない友人とならないのだろうか。わたしは真面目にきみに言っているんだ、少しは自分を愛し、自分と仲よくすることが必要だ、と。すべては往々にして最初とった態度次第によるからである。ある昔の著者は言った。どんなできごとにも二つの取っ手があって、つかむと怪我をする方の取っ手をえらぶのは賢明でない、と。世上一般に哲学者ということばで意味するものは、いかなる場合にでももっともよい言説、もっとも人を元気づける言説を選ぶ人たちのことである。まさしくこれは正鵠を得ている。要は自分を弁護することだ。自分を告訴することではない。われわれはみんな、きわめてすぐれた説得力のある弁護人なのだから、この道をえらびさえすれば、りっぱに満足する理由を見いだせよう。わたしがしばしば観察したところでは、人々が自分の職業について不平を言うのは、不注意からであり、また少しは礼儀からである。もしかれらがいやいややっていることについてでなく、自分からやっていることや、自分が考えだしたことなどについて話すようにしむけられれば、かれらはたちまち詩人に、しかも陽気な詩人になる。

小雨が降っているとする。あなたは表にいる。傘をひろげる。それでじゅうぶんだ。「またしてもいやな雨だ」などと言ったところで、なんの役に立とう。雨粒や雲や風がどうなるわけでもない。そんなことを言うくらいなら、「ああ、結構なおしめりだ」となぜ言わないのか。あなたが「結構なおしめりだ」というのを、わたしが聞く。聞いたからといって、雨粒がどうなるわけでもない。それは事実だ。しかし、そう言うことはあなたにとってよいことなのだ。おそらく身体がふるい立ち、本当に暖まってくるだろうから。どんなに少しのよろこびがひきおこす身体の運動でも、それぐらいの効果はもつものなのだ。そして、雨にあたっても風邪をひかないようにするには、こうするに限るのだ。

人間たちをも雨同様に見なすがいい。それは容易じゃない、と言うかも知れない。ところが容易なのだ。雨に対してよりもずっと容易なくらいだ。なぜなら、雨に対しては微笑は役に立たないが、人間たちに対しては大いに役立つからである。微笑のまねをしてみせただけでも、もう人々の悲しみや悩みは弱くなる。もしあなたが自分自身の内部を眺めれば、人々の悲しみや悩みのいいわけはたやすくみつけてやれるのだ。しかし、いまはそれについてはいわないことにする。

一九〇七年十一月四日

六十四　興　奮

戦争についても事情は情念についてと同じことである。怒りの発作は、対立する利害だの、敵対だの、怨恨だのによっては、決して説明がつかない。それらは怒りの発作を正当化しようとして人が考えだした原因であるにすぎない。好都合な状況というものがあれば、悲劇を防ぐことができるのだ。往々にして、論争、喧嘩、殺人などは偶然の出会いから生ずるものだ。とうてい喧嘩がさけられそうもない、同じ集団のふたりの人間が、なにか大きな利益のために、長い間相当に離れた二つの町にわかれて住むことになった、と仮定してみるがいい。こんな簡単なことによって平和はうち立てられるのだ。理性では、とてもこんな平和はうち立てられないだろう。すべての情念は機会の娘である。ふたりの人間が下宿人と番人のように毎日顔を合わせる場合には、はじめに二人を結びつけたものが、こんどは原因となり、苛立ちや怒りによる身体の動きが、こんどはもっと激しい苛立ちや怒りを感じる動機になる。こうして、よく最初の原因と最後の結果との間には、ばかばかしい不均衡が生ずるのだ。

幼い子供が泣いたりわめいたりするときには、本人自身にも思いがけない純粋に身体的な現象が生ずる。両親や先生たちは、それに気をつけてやらなければならない。さけび声は子供自身に苦痛を与え、さらにいっそう苛立たせる。おどかしたり、声をはりあげたりすれば、雪崩はいっそう大きくなる。怒りを養うのは怒りそのものなのだ。だから、そういうときには、ただ撫でてやるとか、目先きを変えてやるとか、身体を動かしてする行動が必要なのである。こういう場合に、母親の愛情というものは、赤ん坊を抱いて散歩したり、撫でさすったり、静かにゆさぶったりして、ほとんど誤ることのない知恵を示すものだ。人は痙攣をマッサージでなおす。ところで、赤ん坊のかんしゃくでもだれのかんしゃくでも、それはいつでも筋肉の一種のひっつり状態なのであって、昔の人たちが言ったように、体操と音楽で手当をすることが必要なのだ。だが、怒りの発作が起こっているときには、どんなにすぐれた議論でも全く無益である。しばしば有害でさえある。怒りを刺激するようなすべてのものを、議論が想像力に思い出させるからである。

こうした考察は、なぜ戦争がいつもおそるべきものであるか、またいつでも避けうるものであるかを理解するに役立つ。いつもおそるべきものであるというのは、興奮というものが生じることによる。興奮はもしそれがひろがってゆけば、ごくつまらぬことを理由にしてでも、戦争をまきおこすことだろう。もし興奮が少しも混入しなければ、理由はどうであれ、戦争はいつでも避けられうるのだ。市民たちはまことに簡単なこの法則を注意深く考察すべきである。かれらは意気阻喪してこうつぶやく。「おれのような貧弱な者が、ヨーロッパの平和のためになにができよう。新しい紛争の原因が刻々と生まれる。日がたつにつれて、解きがたい問題が持ちあがる。こちらで一つ問題が解決すれば、あちらで一つ危機があらわれでる。こんがらがった糸のように、解こうとすればもつれるばかりだ。運命の必然にまかせておくさ」、なるほど。しかし、無数の実例が示しているように、運命の必然は戦争への道はたどらない。わたしはブルターニュの海岸がイギリスにそなえて防備されたのを見たことがある。しかし、不吉な予言者たちの言にもかかわらず、その方面では少しも戦争が行なわれなかった、本当の危険は興奮なのである。そこでは、だれもが自分自身の国王であり、自分の激情の支配者なのである。この絶大な権力の行使を、多くの市民たちは学ぶべきだ。賢者ソロモン〔紀元前十世紀のイスラエルの王『叡知の書』の著者〕が言うように、まず幸福であれ。幸福とは、平和からうまれる果実なのではない。幸福とは平和そのものなのだ。

一九一三年五月八日

六十五　エピクテトス

「誤った意見をとりのぞくことだ、そうすればきみは、不幸をとりのぞくことになる」。こうエピクテトス〔一世紀の有名なストア主義者〕は語っている。長い間レジオン・ドヌール勲章〔一八〇二年第一総督ナポレオンによって創設され、文武の功労者に与えられる〕を待っていて、まだもらえずにいることを考えると、夜も眠れない人にとっては、この忠告が役に立つ。この人は、略章の一片の赤いリボンにあまりに大きな力を与えすぎているのだ。これをあるがままに、つまり少しばかりの絹、少しばかりの茜色のものと考える人なら、そんなものに心を煩わされまい。エピクテトスには手荒い例がたくさん出ている。この親切な友人は、われわれの肩をつかまえて言う、「きみが悲しいのは、円形劇場で望みの席、自分が坐るべきだと考えている席を昨夜とれなかったからだ。こっちへくるがいい。円形劇場は今日は空いている。このすばらしい石の座席をさわりにくるがいい。腰をかけることだってできるよ」。どんな恐怖に対しても、どんな横暴な感情に対しても、療法は同じである。まっすぐに事実のところへ行って、あるがままに見ることが必要なのだ。

同じエピクテトスが船客に向かって言っている。「きみの、嵐に対するこわがりようといったら、この大海全部を呑みほさなくては気が静まらないみたいだ。しかし、きみ、溺れるのには一升の水もあれば足りるんだよ」。かれは、おそるべき荒浪が決して本当の危険を示すものでないことを、確信しているのだ。よく人はこう言いもし、こう考えもする。「怒り狂った海だ、奈落からの声だ、荒れ狂う海だ、これは凶兆だ、襲撃だ」。これは真実ではない。引力をことにすることから生まれる動きと揺れ、潮流、それから風であるにすぎない。悪い運命などではない。きみを殺すのはこれらすべての物音や運動ではない、宿命などでもない。難破しても助かることだってある。静かな水面で溺れることだってある。本当の問題は次のことだ。頭を水のそとへ出せるかどうか。わたしはこんな話をきいたことがある。腕ききの船乗りともあろうものが、暗礁に近づいたときに、目をおおって小舟のなかにうずくまっていた、というのだ。つまり、ひとから昔きいたことばがかれらを殺したのである。かれらの死骸は、その浜辺にうち上げられて、まちがった言いつたえを正しいと思わせる実例となった。ただ、岩や潮流や逆潮などの互いに結びついているいくつかの力、完全に説明可能ないくつかの力のことを考えることのできる人ならあらゆる恐怖をまぬかれ、またおそらくあらゆる不幸をまぬかれるにちがいない。人は自分で事を行なうかぎり、一度に一つの危険しか見えないものだ。熟練した決闘者は少しもこわがらない。自分のすることと、相手のすることを、明瞭にみるからだ。しかし、もし運命に身をゆだねるようなことをすれば、かれをねらっている不吉な視線が、剣よりもさきに、かれを刺し殺す。そして、この恐怖は不幸よりもいっそう悪いものだ。

腎臓結石をわずらって外科医に身を任せる人は、腹が切りひらかれて血がどんどん流れだすことを想像する。だが、外科医はそうではない。外科医は知っている。細胞一つも切りとりはしないこと、ただ若干の細胞を細胞群からひきはなして、そこに通路をつくろうとしていること、いくらかは血が出て細胞をひたすだろうが、下手に手当をした手の傷ほども血がでないこと、そういうことを知っている。かれはこれらの細胞の真の敵がなんであるかを知っている。そして、その敵に対して細胞たちは、メスでも受けつけない緊密な組織をつくるのだ。かれは、細菌というこの敵が、生理的排泄の道を閉ざすこの結石によって防がれていることを知っている。かれは、自分のメスが死ではなくて生をもたらすものであることを知っている。かれは、はっきりしたきれいな切傷は、できるが早いかたちまちなおってしまうように、敵を追いはらってしまえば、すべてがたちまち生きかえることを知っている。もし患者がこういう考えをもち、誤った意見をとりのぞいたところで、そのために結石はなおりはしない。だが、少なくとも、恐怖はなおる。

一九一〇年十二月十日

六十六　ストイシズム

あの有名なストアの賢者たちは、誤解されているようだ。かれらはただ、僭主に抵抗すること、責苦をものともしないことをわれわれに教えただけだ、と。わたし自身は、かれらの男らしい知恵は、雨や嵐に対してさえ多くの使いみちがあるものと考える。かれらの思想は、周知のように、たえがたい感情から身をひきはなして、それを品物のようにみなすことにあった。これに反して王様のように悠然と床几に腰かけて生きる、生き方を全く知らない者たちは、「遠くから嵐がやってくるのが感じられる。待ちどおしくもあれば、気がめいりもする。いっそ、雷よ鳴ってくれ」などと言い出して、嵐を自分のなかに入れてしまう。思考という余計なものをもった動物らしい生き方というものだ。ちょうど植物が日向でしおれ、日蔭で生きかえるように、動物は、これからやってくる嵐によってすっかり様子が変わるものだ。しかし、動物自身はそれについてろくに知らない。人間が半醒半睡状態にあるときには、楽しいのか悲しいのかわからないのと同じだ。こういう麻痺状態は、人間にとっても好都合なものである。最大の苦痛のなかにあってさえ、常に心を休ませてくれるものだ。もっとも、それはその不幸な当人が完全に緊張をゆるめる場合に限るのだが。わたしは言葉どおりの意味で言っているのだ。手足がじゅうぶんに安定し、すべての筋肉が解きほぐされていなければならない。手足をまとめて休ませる一つの方法がある。それは内部からのマッサージのようなものだ。怒り、不眠、不安などの原因である痙攣とは正反対のものだ。眠れない人たちには、「ぐったりした猫みたいな姿勢をとりたまえ」と言ってやりたい。

いま、もし、エピクロス的徳の真髄であるこの猫の状態に下降することができなければ、そのときには、猛然と奮起して、ストアの徳まで、いわば跳び上がらなければならない。両方どちらもいいが、中途半端は役に立たないからだ。嵐や雨のなかにとびこむことができなければ、そのときには嵐や雨を向こうに押しかえし、身をひきはなして、こう言うべきだ。「これは雨や嵐であって、おれではないのだ」と。不当な非難だとか、欺瞞だとか、嫉妬だとかが相手の場合には、あきらかにいっそうむずかしい。こういう困った奴は、われわれにへばりついてはなれない。だがそれでも、最後には思いきってこう言わなくてはいけない。「あんな欺されかたをしたのだから、わたしが悲しい気持になっているのも決して不思議じゃない。雨や風と同じような自然なことなんだ」。こういう忠告は、情念のとりこになっている人たちを苛立たせる。かれらは自分に自分で重荷を負わせ、自分を自分でしばりつけ、自分で自分の苦しみを抱きしめる。言ってみれば、子供が馬鹿みたいに泣きわめき、自分がそんな馬鹿なのを見て腹を立て、さらに一段とはげしく泣きわめくようなものだ。この子は自分自身に、「いったいこれはなんだ。子供が泣いていているだけのことじゃないか」とでもいえば、救われることができるのだ。しかし、子供だからまだ生き方を知っていない。それに一般に生き方というものを知っている人間はほとんどいないのだ。わたしの考えでは、幸福の秘訣のひとつは、自分自身の不機嫌に対して無関心でいることなのである。相手にしないでいれば、不機嫌などというものは、犬が犬小屋に帰って行くように、動物的な生命力のなかに戻ってゆくものだ。わたしの意見では、これこそが本当の道徳を教えるもっとも重要な章のうちの一つである。自分の過失、自分の悔恨、反省がひきおこすあらゆる悲惨から身をひきはなすことだ。「この怒りは、消えたいときに勝手に消えてゆくだろうさ」ということだ。そうすれば、大人から泣き声をきいてもらえない子供のように、怒りもすぐにどこかへ消えていってしまうだろう。ものごとがよくわかっていたジョルジュ・サンドは、こういう王者の魂を力強い作品であるのに、あまり読まれなさすぎる小説『コンシュエロ』のなかで、みごとに描いてみせてくれている。

一九一三年八月三十一日

六十七　汝自身を知れ

わたしはきのう、よくある広告だが、こんなのを読んだ。「大いなる秘訣、人生に成功し、人心を動かして有利に使う確実なる方法。だれでももっている生命の泉。ただしその使用法を知るは高名なる先生のみ。十フランで伝授す。今後、事業に成功せぬ者は、その十フランの支払えないもののみと言われよう、云々」この数行を印刷した新聞社は、ただで広告をのせるはずはないから、この有難い生命の泉の商人たる成功術の先生には、お客があるとみえる。

このことについて考えていたら、こんなことを思いついた。この先生はきっと本人が考えている以上に、上手なのにちがいあるまい、と。生命の泉は別として、他にかれはどんなことをするのだろうか。もしかれが、人々に少しでも確信を与えれば、それだけでたいしたものだ。それだけでも、かれのお客さんたちは、これまでは山のように動かせないと信じていた些細な困難にうちかてるようになることだろう。臆病が大きな障害なのだ。しかも、たいていは唯一の障害なのだ。

だが、それだけにとどまらない。わたしのみるところ、かれは、おそらく自分でもよくは気がつかないで、お客たちを、注意、反省、秩序、方法という方向に導いて行く。生命の泉を放射するのだなどという場合には、必ずなにびとか、あるいはなにものかを、患者に強く想像させることをするのだ。わたしの推定では、先生は少しずつ誘導して患者が注意を集中できるようにするに違いない。たったそれだけのことをして、かれは金をかせいだのだ。第一に、人々はこの方法によって自分自身のこと、自分の過去、自分の失敗、自分の疲労、自分の胃袋のことを考えないようになる。そうすれば、たちまち、それまで刻一刻と増大していた重荷から解放される。なんと多くの人々が、生命を空費していることだろう。第二に、かれらは自分の欲することと、周囲や人々のことをまじめに、またはっきりと考えられるようになる。よく夢のなかでするように、なにもかもごちゃまぜにしたり、どうどうめぐりしたりしなくなる。そのあとで成功がやってくることは、別におどろくにあたらない。偶然がこの先生に幸いして働くこともあるが、その点は今は問題にしない。反対に不運に働く偶然もあるわけなのだから。一般にだれもが自分には敵があると考えている。だが、そう思いこんでいるだけの話だ。人間はそんなぐあいにはできていない。むしろ、人が敵を養成するのが普通だ。それも味方を養成するより念入りに。あの男は自分に悪意を抱いている、などとあなたは考えている。かれの方では、そんなことをとっくに忘れてしまっているにちがいないのに。ところが、あなたの方では少しも忘れないでいる。ただあなたが、自分の気持を顔色に出すものだから、かれは自分の義務を思い出さざるをえないのだ。人間には、自分以外にはほとんど敵はいない。人間は、自分のまちがった判断や、杞憂や、絶望や、自分自身へ語りかける憂鬱な言葉などを武器として、自分が自分自身に対してつねに最大の敵なのである。ひとりの人間に向かって、ただ「あなたの運命はあなた次第だ」と言うだけで、じゅうぶん十フランの価値のある忠告だ。おまけに生命の泉までついている。

ソクラテスの時代には、周知のように、アポロのお告げをうけてきて、あらゆる事柄について助言を売る巫女のようなものがデルフォイにいた。ただし、神さまはわが生命の泉の商人よりも正直だったので、その秘訣を神殿の正面の壁に記した。だから、人が事態が自分に有利か不利かを知ろうとして運命のゆくすえをたずねにきたときには、神殿のなかにはいるまえに、万人に役立つ次のような深遠な神託を読みうるようになっていた。「汝自身を知れ」。

一九〇九年十月二十九日

六十八　楽観主義

畑のなかに迷いこんだりっぱな女子寮の寮生たちが、だれかがやってくるのを見て、たいそう心配になって、こう言った。「どうか神さま、畑の番人でありませんように」。わたしはこの実例を、というよりもこの愚の骨頂の見本を、なんども考えてみたあげくようやく深い理解に達した。たしかにこの場合は、すべてが混乱している。だが、より多く混乱しているのは、寮生たちの考えよりもむしろ、言葉の方なのだ。考えることよりしゃべることをさきに覚えたわれわれには、起こりがちなことである。

この逸話を思いだしたのは、じゅうぶんな教養をもったある人が、「このでっちあげの楽観主義、盲目的な期待、自己欺瞞」にたいして足を踏みならして、あからさまに反対したときであった。かれのいうのはアランのことだった。つまり、素朴で、まだ野蛮人に近いこのアランという哲学者は、たいへん明白な証拠があるにもかかわらず、次のようないいかげんなことを言うやつだ、というのだ。「人間というものはおのずから誠実で謙遜で、道理をわきまえた、愛情に富んだものである。平和と正義とは手に手をとりあってわれわれのところにやってくる。武人の徳が戦争をなくすだろう。選挙人はもっともふさわしい人をえらぶだろう」。その他、なんの役にも立たない信心家のようななぐさめを言うやつだ、というのである。散歩にでかける男が玄関の敷居の上で「こんなに雲が出てきては、散歩がだいなしだ。雨が降らないでくれればいいが」と言うのと同じだ、それくらいなら、傘をもっていった方がいい。かれはこんなふうに嘲笑したのだ。わたしは一笑に付した。かれの理屈は、外見はたいへんりっぱらしくみえるが、その実は、厚みのない書割にすぎないからだ。そして、すでにわたしは、わが家の粗野ではあるが厚みのある壁を自分の手でさわっていたからだ。

未来には、ひとりでできる未来と、自分でつくる未来との二つがある。本物の未来はこの両方から成り立っている。嵐や日食のたぐいのように、ひとりでにできる未来に関しては、期待したところで、なんの役にも立ちはしない。知ること、そして冷静な目で観ることが必要だ。めがねの玉を拭くように、目の上の情念の湯気を拭かなければならぬ。それを強くわたしは要求するのだ。われわれが決して変容することのできない天空の事実は、知恵の大部分をなす諦めの精神と幾何学的精神とを、われわれに教えた。しかし、地上の事柄においては、勤勉な人間によっていかに多くの変化がもたらされたことか。火、麦、船、仕込まれた犬、馴らされた馬——もし知識が期待を殺してしまっていたのだったなら、人間は決してこういうものをうみだしはしなかったであろう。

とくに、信頼というものが重要な働きをしている人間社会そのものにあっては、わたし自身が他人を信頼しなければ、わたしは他人から信頼されないのである。自分で倒れそうだなと思えば、倒れるのだ。なにもできないなと思えば、ほんとになにもできないのだ。期待に欺かれるなと思えば、ほんとに期待に欺かれるのだ。この点に注意しなければならぬ。自分がお天気や嵐をつくり出すのだ。まず自分自身の内部に。それから自分の周囲、人間の世界に。絶望というものは、希望もそうだが、雲行きの変わるよりもはやく、人から人へと移って行くものだから。もし、わたしが信頼すれば、かれは正直となる。非難してかかれば、かれはわたしのものを盗む。人間はみんな、こちらの出方次第なのだ。期待というものは、平和や正義と同じく、人がつくりたいと思っているものを根拠としてその上に築かれるものだから、意志によってのみ保たれるのだ、ということをよく考えてみていただきたい。これに反して、絶望は現在あるものの力によって、うちたてられて、おのれ自身の手によって埋められるものだ。このように考えることによって、はじめて、宗教のなかから救い出すべきもの、そして宗教が失ったもの、すなわち美しい期待が救い出されるのである。

一九一三年一月二十八日

六十九　解きほぐすことだ

ある人がきのうわたしのことを、「度しがたい楽観主義」と一言のもとにきめつけた。わたしは生まれつきの楽観主義者であって、そのために幸福であるが、しかし奇特な錯覚は真理として通用したためしがないのだ、という意味のことを、その言葉でもって表現しようとしているつもりなら、かれはたしかに誤解しているのだ。それは現にあるものと、そうあらしめたいと思うものを混同することだ。人間がそれに働きかける余地なしに自然におのずから存在するものを考えた場合には、悲観主義が真理である。人事の流れは、放置しておけばたちまち最悪のところまで行きつくからだ。たとえば、自分の不機嫌に身をまかせれば、やがて不幸になり、意地わるになる。これはわれわれの肉体の構造上さけがたいことである。われわれの肉体は、われわれが監視をやめ、統御の手をゆるめたら最後、あげて悪い方へ向かうようにできている。子供たちの集りを見るがいい。規則のある遊戯でもしてないと、すぐさまめちゃくちゃな乱暴をしでかす。ここには、苛立ちはたちまち興奮となるという、生物学的法則が見事に見てとれる。ためしに、ごく小さな子供と手を打つ遊びをやってみるがいい。手を打つ行動そのものがうちだす熱気にあふられて子供はたちまちその遊びに夢中になることだろう。もう一つ。年のゆかぬ少年に話をさせてみるがいい。ほんのちょっとでいいからほめてやってみるがいい。かれは臆病さに打ちかつや否や、とんでもないことを言い出す。この教訓には、あなた自身が赤面しよう。それは万人にとってよい教訓であるが、同時に万人にとってにがい教訓でもあるのだから。だれでも自分自身を制御することを忘れて、お調子にのってしゃべり出せば、たちまち馬鹿なことを言いだし、あげくの果てには自分の性質をのろい、自分自身に絶望することになる。このことからおしはかって興奮した群衆のことを想像してみるがいい。ありうるかぎりの馬鹿げた行動はもちろん、ありうるかぎりの害悪を行なうことだろう。この点は絶対にまちがいない。

だが、害悪というものを原因から理解している人は、決して呪わず、決して絶望しないことを学ぶであろう。どんな種類の事柄にせよ、はじめからうまくは行かないものだ。体操によって鍛え上げられていない肉体は何かというとすぐ熱狂して、絵であれ、剣術であれ、乗馬であれ、会話であれ、すべて狙いが狂ってしまい、まとを外すのがおちである、まったくおどろくほどである。悲観主義者に絶好の口実を与えるようにも見える。だが、物事は原因から理解しなければならないのだ。ここで考えねばならぬ肝心なことは、すべての筋肉の間の結びつきのことである。一つの筋肉が動き出すと、はじめこれと協力する筋肉だけというのではなくて、他のすべての筋肉を目ざめさせるように、筋肉と筋肉とは結びついているのだ。不器用な人はどんな些細な運動にも、全身の重みをかけてしまう。だが、たとえ釘一本打つだけのことでも、はじめはだれでも下手なものだ、しかし、訓練をかさねることによって身につけることのできる技倆は際限もなくうまくなるものだ。これは、あらゆる技芸、あらゆる手仕事が示していることだ。そして、身ぶりの軌跡に他ならないデッサンが、それが美しいものである場合には、なにものにもまして雄弁な証拠となろう。身体全体の重みのかかった気短かな、苛立たしい手が、判断と物とに同時に服従したひかえ目で純化されたかろやかな線を描くことができるのだから。そして、怒鳴るあまりに喉をいためるその同じ人が、歌をうたいもするのだ。声帯という強く結びあわされている筋肉のたば、ふるえやまない筋肉のたば、だれもがこれを親から譲りうけているからである。必要なことは解きほぐすことである。これは、おいそれとは行かない。だれでも知ってのとおり、怒りと絶望とがうちかつべき第一の敵である。必要なことは信じ、期待し、微笑むことだ。そして、それとともに仕事すること。こういうわけだから、人間の状態というものは、不屈の楽観主義を規則中の規則として採用しないと、やがてもっとも陰鬱な悲観主義が真実になるようにできているのである。

一九二一年十二月二十七日

七十　忍耐

汽車に乗ろうとすると、きまって次のようなことを言って話しかけてくる人たちがいるものだ。「×時でないと着きませんな、まったく長くてたいくつな旅行ですな！」。わるいことには、その人たちはそう信じこんでいるのだ。この点では、「まちがった判断をとりのぞけ。そうすれば害悪をとりのぞくことになる」と言ったストア主義者エピクテトスの方が十倍も正しいだろう。

観点を変えさえすれば、汽車旅行だってもっとも生き生きとした楽しみの一つだと考えられるようになるだろう。今、かりに、地平線のかなたに軸をもつ大きな車輪を廻すように、空の色や大地の色、すれちがっては見えなくなる沿線の風物など、汽車の窓から見られるさまざまなものと同じものを見せてくれるパノラマが展開すれば、そういう光景が眼に入るならば、だれだってもっと早く見ておけばよかったなあと思うだろう。その上、もし発明家が、汽車の震動や旅行にともなうあらゆる物音までもそのパノラマと一緒に再現してくれたら、そのパノラマはもっともっと美しく見えることだろう。

ところで、今述べた驚異がすべて、汽車にのりさえすれば、すぐにでも、無料で手に入るのだ。

さよう、無料でなのだ。なぜなら、あなたが払ったのは運賃なのであって、谷や川や山を見るための料金ではないからである。人生にはこういう生き生きとした楽しみがいくらでもある。しかも、一銭もかからないというのに、みんなそれを十分に楽しんでいないのだ。「目をひらけ、楽しみを得よ」と言うために、あらゆる国の言葉で、ほとんどいたるところに貼り紙をする必要があるだろう。

これに対して、あなたはこう答える。「私は旅行者であって、観光客ではない。大切な仕事で、出来るだけはやく、あちこち飛び廻らねばならないのだ。わたしの頭はそのことで一杯だ。時計の針の動きと車輪の廻転だけが問題だ。どうして汽車というやつは止まったりするんだ。のろのろと荷物を押したりしているのんきな駅員なぞくそくらえだ。こっちは頭の中で自分の荷物を押している。列車も押している。時間まで押しているんだ。むちゃくちゃだと言われるかもしれないが、こっちに言わせれば、人間少しでも血の気がある限り、当然で、やむをえないことさ」。

もちろん、血の気があるのが悪いというのではない。しかし、この地球上で勝利者となった動物たちは、一番怒りっぽい動物ではなかった。それは道理をわきまえた動物であり、情念をちょうどよい時のためにとっておく動物である。だから、恐ろしい剣の使い手とは、足で床をふみならし、行く先もしらずに出かけて行くような人ではない。みちが開かれるのを待ち、燕のようにいきなりそこを通りぬける冷静な人のことである。同様に、行動することを学びたいのなら、列車を押すようなことはやめたまえ。あなたがそうしなくても列車の方はちゃんと進むのだから。

全宇宙を一まとめにして一つの瞬間から次の瞬間へと運ぶ、あの堂々と、落ち着いた時間を押したりしてはいけない。物事というものは、あなたがちらっと見てやりさえすれば、あなたをとらえ、あなたを運んでくれる。自分自身に対して親切であり、味方であることを学ぶべきだろう。

一九一〇年十二月十一日

七十一 親切

「他人に満足するのは、なんとむずかしいことだろう！」。ラ・ブリュイエールのこのきびしい言葉だけで、もうわれわれは用心しなければならない。なぜなら、良識のみとめるところでは、だれでもが社会生活の現実の条件に適応しており、普通の人間を非難するのは正当ではないからだ。それは気狂じみた人間ぎらいだ。だから、私は原因を探すことはしないし、入場料を払った以上楽しまなくては損だと考える観客のように、まわりの人間をじろじろながめたりはしない。それどころか、このむずかしい人生にはありがちなことを思い浮べながら、まえもって最悪の事態を想定しておく。目の前で話している相手は、胃の調子が悪いか頭痛でもしているのだろうと考える。それとも、金銭上の心配があるのか、家の中がごたごたしているのだろうとも想像する。私は自分自身に言いきかせる。空模様が危っかしいぞ、灰色と青のまじった三月の空だ、うす日が洩れてはいるが、春とはいっても北風がまだ冷たい。そこで私は毛皮と雨傘をもってでるのだ。

よろしい。だが、それについては次のことを考えた方がもっとよい。つまり人間のこの不安定な肉体のことだ。人間の不安定な肉体はちょっとさわってもふるえ、なにかといえばかがみがちで、そのくせ少しのことで興奮し、姿勢や疲労や外界の作用に応じて、身ぶりを変え、違った話し方をする。ところが、本来ならば、この人間の肉体こそが、安定した感情や、敬意や、楽しい話題などを、お祝いの花束のように、私にもたらすはずなのである。私はそのお祝いを要求する権利があるように思えるのだ。ところが他人に対してはこんなに注意を払う私なのに、自分に対してはほとんど注意を払わない。機械的なみぶりをしたり、眉をひそめたり、自分でも気がつかない通信を発する。太陽の照りぐあい、風の吹きぐあいで、私の顔つきがかわる。こういうふうにして、私は、他人の中に見出してはびっくりするもの、つまり一個の人間を他人にさし出しているわけである。この一個の人間とは、とりもなおさず、精神という荷物を背負った動物であり、買いかぶられすぎるかと思えば、全く認めてもらえないという羽目におちいったりするものなのだ。この動物は、一つのことを他人に知らせるにも十のことを知らせなければうまくいかず、それどころか、どれを知らせたらいいのかえらびきれなくなると、体全体まで使ってしまう。わたしは、そのごたごたの中から、採金家のように、小石や砂をふるい落とし、どんな小さな砂金でも見わけなければならないのだ。さがすのが私のつとめだ。ところが、だれでも、他人の言動をふるいにかけるように、自分の口から出る言葉をふるいにかけるわけにはいかない。だから、この場合、私は礼儀にしたがって行動する。さらに一歩を進めて、相手に大きな信用貸の口座を開く。鉱滓《かなくそ》の方はそのままにしておいて、相手の本心を期待するのだ。だが、ここで私は、ふつうあまり期待されない別の効果に注目する。武装し、髪を逆立てて突進してくる臆病者の心が、私が親切を示すことによって、たちまちときほぐされるのだ。簡単に言うと、雲のように往来する二つの気分のうち、一方がまず微笑することが必要なのである。もしあなたの方からは微笑みかけないというなら、あなたは馬鹿者にすぎない。

どんな人間にだって、悪く言われたり、悪く思われたりするすきはいくらでもあるのだし、よく言われたり、よく思われたりする美点もいくらだってあるものだ。ところで、人間の本性は、他人の気分を害することなど少しも恐れないようにできている。勇気を与える興奮は、臆病のすぐあとにつづいているからだ。しかも、不愉快さを感じ始めると、事態はたちまちいっそう悪化するのだ。しかし、これらの事柄を理解したからには、そんなはめにおちいらないようにするのがあなたのつとめだ。次のことは思いがけない経験になるから、ぜひ一度やって見てほしい。他人の気分を直接に支配するのは、自分自身の気分を支配するより、ずっとらくなことだ。そして話相手の気分を慎重にとり扱うものは、そうすることで自分自身の気分に対する医者になる。会話においては、ダンスにおけると同様、めいめいが他人の鏡だからだ。

一九二二年四月八日

七十二　悪口

もし蓄音機が、あなたにむかって急に悪口を浴びせかけたとしたら、あなたは笑い出してしまうだろう。もし不機嫌な、でもほとんど口のきけない人がいて、自分の怒りのはけ口に悪口蓄音機をかけたとしたら、たまたま気にさわる悪口がきこえてきても、誰一人それが自分のことだとは考えないだろう。ところが、悪口が出てくるのが人間の顔からだと、それをきくものは誰でも、それがあらかじめ考えられたことばか、少なくともその瞬間に考えられることばだと思いたがる。人間の口から考えなしに飛び出す言葉に付随する情念や意味が、ほとんど必ずといってもよいほどまきちらす冗舌や余分な性質こそ、その勘違いのもとになっているのだ。

デカルトが、その著作のなかでもっともすぐれた、そのわりにほとんど読まれることのない、あの『情念論』を書いたのは、いかにしてわれわれの機械が、その形や、折目正しい習慣によって、簡単に思考を欺くにいたるかということの説明にほかならなかった。現在においても事情は変っていないが、それは次のことでもわかる。うんと怒っているとき、まずわれわれは自分の肉体的憤激にぴったりの無数の事柄を想像する。しかもこの憤激は激しければ激しいほどよいのだ。

次に、これと同時に、調子の激しい、もっともらしい言葉をつくり出し、それが名優の演技のように、われわれの心を動かすのである。もし誰か他の人がまねをしてかっとなり、われわれに口返答でもしようものなら、それこそ一大悲劇だ。この場合、思考は、実はことばのあとを追うのであって、ことばに先立つのではない。演劇における真実とは、登場人物たちが自分の言ったことをたえず反省する、という点にあるに違いない。かれらのせりふは神託のようなもので、かれらはその意味を探しているのである。

仲のよい夫婦の間では、いらいらしている最中に思わずロをついて出た言葉が、この上なく滑稽になることがよくある。こういう思わずロをついて出る言葉の見事な即興性を楽しむことを学ばなければならない。ところが、たいていの人はこういう感情の自動作用をまるで知らない。かれらはホーマーの英雄たちのように、すべてを素朴に解釈する。そのため、想像上の、とよぶべき、憎悪をいだくことが生じる。わたしは、憎悪をいだく人のもつ確信の強さを感嘆するものだ。仲裁人は気狂いみたいにかっとなっている証人の言葉には、ほとんど耳をかさないものだ。だが、人間は訴訟ごとになったときには、たちまち自分自身を信じてしまう。なんでもかんでも信じてしまう。人間の誤謬のなかでもっとも驚くべきものの一つは、長い間かくしていた考えを怒りが吐き出すのを待っていることである。それは千に一度も本当のことがない。人間は、自分の考えていることをいいたければ、感情にはやるのを抑えなければならない。自明の理だ。にもかかわらず、相手のはっきりした応答を知りたいと思う誘惑や興奮や焦燥のあまり、そのことを忘れてしまうのである。スタンダールの『赤と黒』のなかで、ピラール神父が、その事情を見ぬいている。かれはその友人にいっている。「わたしは不機嫌になるたちだから、わたしたちはお互いに話しあうことをしなくなることも起こるかもしれない」。これ以上卒直なことはない。ああ、やれやれ。ええ、なんだって？　もしもわたしの怒りが、蓄音機、というのは胆汁や胃袋や喉のことだが、この蓄音機のせいだとしたら、そしてまたわたしがそのことをよく心得ているのだとしたならば、怒りというこの下手な悲劇役者の長広舌のまっただなかで、口笛ふいたってわるかろうわけがないではないか。

まるで意味をもたない絶叫である呪咀は、人を傷つけて取りかえしのつかなくなる言葉は吐かないで、しかも怒りを爆発させるために、いわば本能的に発明されたものと考えるべきであろう。したがって、雑踏のなかでわめき散らすわが馭者たちは、自分ではそれと知らずに、哲学者なのである。ただし、こういう呪咀の言葉の空《から》だまのなかに、たまに、人を傷つける実弾があるのを見るのは、なかなか愉快だ。だれかがわたしにロシア語で悪口いうことがあっても、わたしにはまるでわからない。だが、はからずもわたしがロシア語を知っていたとしたら、どうであろう。現実には、あらゆる悪口は、ちんぷんかんぷんなものなのだ。このことをよく理解することだ。つまり、悪口には理解しうべきものは何もないということを、よく理解することだ。

一九一三年十一月十七日

七十三　上機嫌

たまたま道徳論を書かなければならないとすれば、わたしは上機嫌ということを義務の第一位におくだろう。悲しみは偉大で美しいとか、賢者は自分の墓を掘りながら死について瞑想すべきであるなどとわれわれに教えたのは、どんな残忍な宗教であるのか、わたしは知らない。十歳の時、わたしはラ・トラップス修道院を訪れたことがある。そこでわたしは修道士たちが毎日少しずつ墓を掘っているのを見たし、生者の教化のためにまる一週間も死体がおかれている葬儀用の祭壇も見た。この気の滅入るような光景や死体の臭いは、長いことわたしにまつわりついて離れなかった。まったくかれらは余計なまでに証しを立てようと望んでいた。わたしは、いつ、どんな理由でカトリックから離れたか、今は忘れてしまったので、はっきり言うことはできない。しかし、その時以来、わたしはこう思っている。「あれが人生の本当の秘密だなんてあり得ない」。わたしは自分の全存在をあげて、これらの哀れっぽい坊さんたちに反抗したものだ。そして、病気から回復するように、かれらの宗教から解放された。

それにしても、影響のあとは残っている。だれにもそれはある。われわれは何かにつけて、またとるにたらぬようなことが原因で、すぐ愚痴をこぼす。そして、本当の苦痛を味わうような状況になると、それを示す義務があるかのように思いこんだりさえする。このことに関して、坊さん臭いまちがった判断が一般に行なわれている。泣き方のうまい人間はなんでも許されるようだ。したがって、掘った墓の上でどんな悲劇が演じられているかを見なければならない。弔辞をのべる者は、胸がはりさけんばかりの様子で、言葉がのどにつまってしまう。昔の人ならわれわれを憐れむことだろう。そしてこう考えるにちがいない、「なんということか。これではまったく、しゃべっても悲しみを慰めることにはならない。人生のための導師なんていうものじゃない。悲劇役者でしかない。悲しみと死の教師にすぎない」。そして、野蛮な「怒りの日《ディエス・イレ》」〔死者のために歌うミサ祈禱書の冒頭の言葉〕についてはどう思うだろうか。そこで歌われる讃歌は、悲劇に属するものとして受けいれないだろうと思う。「なぜなら」と言うにちがいない、「ひとを弱気にする受難の光景を傍観することができるのは、自分が苦しみのそとにいる時なのだ。それはそれで、わたしにとって一つのよい教えだ。しかし、本当の苦しみがわたしの身にふりかかる時には、わたしの義務は次のようにするだけだ。男らしい態度をとり、生命をしっかりとつかまえること。敵に直面する戦士のように、自分の意志と生命とを結びつけて不幸に立ち向かうこと。そして、死者についてはできるかぎり友情と喜びをもって語ること、以上のようなことである。ところが、かれらときたら、絶望の涙にくれるので、もし死者たちがこれを見たら、死者たちの方が顔をあからめてしまうだろう」。

そうだ、司祭たちの虚言をしりぞけた後に、われわれは毅然《きぜん》として生命を把握しなければならない。悲劇的に飾りたてた言いまわしによって、われわれ自身の心をひきさいたり、それを他人にまでおよぼして、その心をひきさいたりしないようにしなければならない。もっとよいことは、すべては互いに関連しているのだから、人生のさまざまな些細なわざわいに出あっても、その話をしたり、それを見せびらかしたり、誇張したりしないことだ。他人に対しても、自分自身に対しても親切であること。ひとの生きるのを助け、自分自身の生きるのを助けること、これこそ真の思いやりである。親切とは喜びである。愛とは喜びなのである。

一九〇九年十月十日

七十四　一つの治療法

入浴とか、灌水浴とか、食餌療法とかをみんながそれぞれ話しおえると、「わたしは」と、すぐに他のひとりが言った。「二週間いらい上機嫌療法というものをやっているが、それにたいへん満足している。人には、考えがとげとげしくなって、すべてをはげしく批判するような時があるものだ。他人にも、自分自身のうちにも、美しいものとか良いものとかはもうなにもないと思える時があるものだ。考えがこういう方向にむいた時は、つまり、上機嫌療法をする必要があるということを意味している。それは、この療法をやっていない場合には、あなた方に呪いの念をいだかせるような、いっさいの不運や、とりわけつまらぬ事柄に対して、上機嫌にふるまうことなのである。そうすると、坂道があなた方の脚をきたえるように、わずかな心配事が、逆にたいへん役にたつものとなる」。

またもうひとりが言った、「非難しかえしたり、ぶつぶつ不平を言ったりするために集まるいやな連中がいる。普通のときは、人はかれらを避けるが、上機嫌療法では、反対にかれらを求める。かれらは室内体操に用いるエキスパンダーのようなものである。まずはじめに一番小さいものをひっぱってから、それから大きいのをひっぱることができるようになる。同じように、わたしは友人や知人を、不機嫌の順にならべて、次々に練習する。かれらがふだんよりも一段と気むずかしく、ことごとになにやかやと文句をつけるときには、わたしはこう考える。「やあ、いい試験だぞ。わが心よ、はりきれ。さあ、あの不満をもっとあおってやれ」。

さらに別のひとりが言った。「上機嫌療法に必要なかぎりでは、物事でもいい場合が多い。つまり悪い物事のことだが、こげついたシチュー、古くなったパン、光線、ほこり、払わねばならぬ勘定、底の見えた財布、こうしたことが貴重な練習の原因となる。人は、拳闘やフェンシングのときのように考える、「すごい一撃がやってくるな。問題は、これを避けるか、まともに受けるかだ」。普通のときは、人は子供のように叫び出す。そして、叫ぶことが恥ずかしくなるので、ますます強く叫ぶようになる。ところが、上機嫌療法では、まったく違ったふうに事が運ぶ。人は当面した事柄を、気持のよいシャワーを浴びるように、受け入れる。身ぶるいし、一瞬肩をすくめ、それから、筋肉をのばして、これをしなやかにする。筋肉を、ぬれた下着のように、次々とぬぎすてる。すると、生命の奔流が堰《せき》をきった泉のように流れ出す。食欲がすすむ。洗濯ができて、さっぱりした生命の匂いがする。ところで、わたしの話はこれまでにしよう。あなた方は今、はればれした顔つきになっている。わたしの上機嫌療法にとって、あなた方はもうなんの役にも立たなくなっているのだから」。

一九一一年九月二十四日

七十五　精神の衛生

昨日、わたしはとやかくの意見にこだわっているある種の狂人に関する記事を読んでいたが、この連中は、事物をいつも同じ角度から眺めるあまり、ついには人に迫害されていると信じるようになり、やがては危険になって、閉じこめた方がよくなる人間たちである。これを読んでいて、わたしは悲しい思いにとらわれたが（狂人のことを考える以上に悲しいことがあるだろうか）、かつて耳にしたことのある、うまい答えを思い出した。ある賢者の前で、迫害妄想にとりつかれ、おまけにいつも足が冷えているという半狂人の話が出た時、賢者いわく、「血液循環の不足と、思考循環の不足が原因」。この言葉はよく考えるだけの価値がある。

たしかに、われわれは誰しも、夢とか、イメージとイメージの間の滑稽な連想とかのように、気違いめいた考えをいくらでも持っている。つまずいてよろめくのは、とりわけ内心の言葉であり、これは発音されることがないために、しばしばわれわれを馬鹿げた観念のなかに投げこむ。ただ、われわれがそこにとどまっていないだけの話だ。正常の人間にあっては、羽虫のむれがとびまわるように、絶えず観念の変化がおこなわれている。そして、われわれは自分たちの狂気をすっかり忘れてしまうので、「何を考えているのですか」というごく単純と思える質問に、決して正確には答えられなくなってしまうようだ。この観念の循環からは、よく、なにかくだらぬ子供っぽいものの生まれることがある。それにしても、これは精神の健康そのものである。もし、どちらかひとつをえらばねばならないとすれば、わたしは、偏執的であるより、無頓着でありたいと願うものだ。

子供や大人《おとな》にものを教える人たちが、そのことについて十分に反省したことがあるかどうかわたしは知らない。かれらの言うところをきくと、要は、よく固まって、動かすにもどっしりと重いような観念をもつことにあるようだ。かれらは早くから、ばかばかしい記憶の練習によって、われわれをそのことに慣《なら》している。そして、われわれは一生の間、下手に詩句や内容空疎な格言を数珠つなぎにしてひきずり、一足ごとに、それにつまずいて行く。ついで、われわれはくどくどした連禱づきのなにかの専門にとじこめられる。嚙み直すことを仕込まれる。こうしたことは、われわれが不機嫌になって、われわれの考えが苦味をおびるようになるやいなや、年とともに危険になる。われわれは、詩のかたちで地理を暗誦するように、自分たちの悲しみを心のなかで暗誦するようになる。

これとは反対に、精神のしこりを解きほぐしてほしいものだ。わたしは衛生規則として、次の言葉をかかげたい、「同一の考えを決して二度と持つな」。これに対して、憂鬱《ゆううつ》症患者は言うだろう。「わたしにはどうすることもできない。わたしの脳髄はこんなふうにできている。鬱血するほどいろいろと考えているのだから」。それは明らかである。しかし、われわれはちょうど、脳髄をマッサージする方法を知っている。つまり、観念を変えさえすればいいのだ。これは、練習をつんでいれば難しいことではない。脳髄を清めるための間違いない方法が二つある。一つは、自分のまわりを眺めて、さまざまな光景をシャワーのように浴びることだ。これは絶対にまちがいない。もう一つは、結果から原因にさかのぼることで、これは、憂鬱なイメージを追いはらう確実な手段である。なぜなら、一連の原因と結果が次々とわれわれを旅につれ出して、たちまち、とても遠いところまで行くからである。これは、神託にうかがいを立てるもう一つのやり方なのだ。ちょうど、どんな考えでピュティア〔アポロンの巫女〕がわたしにむかってお前は行末守銭奴になるだろうと予言したのかと探索する代りに、いかにして彼女の口が、ほかの言葉ではなくて、むしろこの言葉を発したのかを、わたしが理解したいと思うようなものである。そこで、わたしは母音と子音を問題とすることになり、一方から他方へとわれわれを導く自然な傾斜に身をおくことになる。音声学のすべてが登場する。ある人が少しばかりぞっとする夢を見た。本当の原因というものは、ちょっとした不快事に結びついた知覚のなかにあることが多いので、それを探したらどうかと促したところ、かれはその気になって、いろいろな原因を仮定してみた。と、わたしには、かれがいやな夢から解放されているのがわかった。循環が回復したのである。

一九〇九年十月九日

七十六　母乳讃歌

わたしはデカルトのなかに、愛の情念は健康によく、反対に、憎しみは健康に悪いという観念があるのを発見する。よく知られているが、十分に親しまれていない観念だ。もっと正確に言えば、それはまったく信じられていないのだ。もし、デカルトがホメロスや聖書とほとんど同じくらいに嘲笑を越えた存在でなかったら、人はこれを一笑に附すだろう。しかし、もし人間が、人間や行動や仕事などの一つにまざりあったものの中から、美しく、愛すべきものをいつも選び出して、憎しみから行なうことをすべて愛によって行なおうという気になれば、それはわずかな進歩というものではないだろう。それは、悪いものを衰退させるもっとも強力な手段である。要するに、悪い音楽を口笛でやじるより、よい音楽に拍手をおくる方がいいし、その方が一段と正しく、効果的なのだ。なぜか。愛とは生理的に強く、憎しみとは生理的に弱いからである。しかし、情念につかれた人間は、その特徴として、情念について書かれたことはただの一言も信じない。

したがって、原因から理解してかからねばならない。そして、わたしは、その原因についても、デカルトのなかに述べられているのを発見する。なぜなら、かれは次のように言っているからだ。

われわれの最初の愛、もっとも古い愛は、十分な哺乳によって豊かになった血液、清らかな空気、やさしい熱、つまり乳呑児をそだてるすべてのものに対する愛でなくてなんであろう、と。われわれは幼い時代に、愛の言葉をまず愛そのものの中で学びとり、おいしい乳をうけいれる生命器官のあの運動、あの屈曲、あの甘美な調和によってそれを言い表わした。おいしいスープにうなずく首の運動も、最初の賛同とまったく同じようにして行なわれた。これとは反対に、熱すぎるスープに対しては、どんなに子供の頭と全身とがそれを拒絶するかをよく見るがいい。同じように、胃袋、心臓、身体全体が、有害なおそれのあるいっさいの食物を拒絶し、ついには、軽蔑、非難、嫌悪などのもっとも精力的でもっとも古い表現である嘔吐によって、これをもどしてしまう。そのゆえに、デカルトは、ホメロス的簡潔さで、憎しみはいかなる人間にあっても、消化をよくすることに反すると言っている。

このすばらしい考えは、おしひろげ、ふくらませることができる。それは、まったく使い古すことがなく、いつになっても限界がない。愛の最初の讃歌は、子供の全身によってうたわれた母乳への讃歌であった。子供はあらゆる手段をつくして、その貴重な栄養物をうけとり、抱きしめ、滋養分を吸いとるのだ。そして、この乳を吸うことの感激は、生理的に見て、世界におけるあらゆる感激の最初のモデルであり、かつ真のモデルである。接吻の最初の例が、乳呑児にあることを知らぬ人がいようか。人間はこの根本の敬愛心を些かも忘れることはない。今なお、十字架に接吻する。なぜなら、われわれの感情や意思の表示は、われわれの肉体に属さねばならないからである。同様に、呪いの身振りも、濁った空気をうけつけない肺臓や、すえた牛乳をもどす胃袋など、肉体のすべての防御組織がもっている昔からの身振りである。もし憎しみが料理に味をそえるなら、おお、いいかげんな読書家よ、きみはきみの食事からどんな利益を期待しうるのか。どうしてきみはデカルトの『情念論』を読まないのか。本当に、きみの本屋はそれがなんであるのかさえ知らないし、きみの心理学者も同じようにその本のことをあまり知らないのだ。読書の術《すべ》を心得ることがほとんどすべてである。

一九二四年一月二十一日

七十七　友情

友情のなかには、すばらしい喜びがある。喜びが人に感染するものであることに注意すれば、このことは容易に理解される。わたしのいることが友人に対して少しでも本当の喜びを与えさえすれば、それだけで、こんどはわたしが、友人の喜びを見て一つの喜びを感じるようになる。このように、誰しも、人に与える喜びは自分に返ってくる。と同時に、喜びの宝庫が開放され、そして、二人してお互いに言う、「わたしは自分のなかに幸福をもっていたが、それをむだにしていたわけだ」。

喜びの源泉は内部にある、ということではわたしの考えも同じだ。自分にも何事にも不満で、お互いに笑わせるためにくすぐりあっているような連中を見ることほど、悲しい気持になることはない。だが、満足している人間も、ひとりだけでいると、すぐに自分が満足していることを忘れてしまう、ということも言っておかなければならない。かれの喜びは、やがてことごとく眠りこんでしまう。一種の自失状態、ほとんど無感覚とも言うべきものがやってくる。内部の感情は外部の動きを必要とする。もし、ある暴君がわたしを投獄して、権力を尊敬することを教えようとしたら、わたしは健康法として、毎日ひとりっきりで笑うようにするだろう。わたしは脚を訓練するように、喜びを訓練するだろう。

ここに一束の乾いた小枝があるとする。見たところ土のように色あせている。そのままにしておけば、土になってしまうだろう。だが、それは太陽から奪った活力をかくしもっている。ほんの僅かな炎でも近づけてみたまえ。すると、たちまちぱちぱちと燃え出すだろう。ただ扉をゆさぶって、囚人の眠りをさましさえすればよかったのだ。

こういうわけで、喜びをめざますには、一種のきっかけが必要である。幼い子供がはじめて笑う時、その笑いはまったくなにも表わしていない。幸福だから笑うのではない。むしろ、笑うから幸福なのだとわたしは言いたい。笑うことが楽しみなのだ、食べることが楽しみであるように。実際、子供はまず食べなければならない。このことは笑いについてだけ真実なのではない。自分の考えを知るためには言葉も必要である。ひとりでいるかぎり、人は自分ではあり得ない。おろかなモラリストたちは、愛するとはおのれを忘れることだと言う。あまりにも単純な考えだ。人は自分から離れれば離れるほど、それだけ自分自身となる。それだけ自分の生きていることをよく感じるようにもなる。きみの薪を穴倉で腐らせてはいけない。

一九〇七年十二月二十七日

七十八　優柔不断について

デカルトは、優柔不断は苦痛の最大なるものであると言った。かれは、なん度かそう言っているが、説明はしていない。わたしは、人間の本性を照らし出すこれ以上の明るい光を知らない。あらゆる情念、その不毛な運動のすべては、これによって説明される。運まかせの勝負事は、その力が魂の頂上にあるということはほとんど知られていないが、決断力を養うがゆえに、ひとに好まれる。それはいわば事物の本性に対する挑戦であり、すべてのものをほとんど平等において、われわれのちょっとした決断さえ限りなく育てる。賭けごとにおいては、すべては厳密に平等であり、そして選択しなければならない。この抽象的な危険は、反省を無視するようなものだ。思いきって決断しなければならないからである。賭けはただちに答える。そして、われわれの思考を毒する後悔はあり得ない。あり得ないのは、理由がないからである。知ることができないのがルールである以上、「もし知っていたら」などとは言えない。賭けごとが倦怠に対するただ一つの薬であることに、わたしは驚かない。なぜなら、倦怠とは、とりわけ、思案しても無駄だとよく知りながら、なお思案することだからである。

恋をして眠れないでいる男とか、失望した野心家とかが、なにを苦しんでいるのかを考えてみることができる。この種の苦痛は、例外なく肉体の中にあるということもできるが、例外なく思考の中にあるものなのだ。眠りを追いはらうこの心の動揺は、なにごとも決定せず、そのたびごとに肉体の中に投げこまれ、肉体を陸《おか》に上った魚のようにじたばたさせる、あの不決断からのみ生ずる。優柔不断の中には暴力がある。「よし、すべてを御破算《ごはさん》にしよう」。ところが、思考がただちに妥協手段をあたえる。ああすべきか、こうすべきかさまざまな結果が考えられて、事態はいっこうに進展しない。現実の行動の利点は、はっきりきまらなかった考えは忘れられてしまうということ、適切に言えば、もう必要がなくなってしまうということである。なぜなら、行動がすべての関係を変えてしまっているからである。だが、観念の中で行動するのは、なんの役にも立たない。すべてはもとの状態にとどまったままである。あらゆる行動には賭けがある。思考がその主題をきわめつくす前に、考えることを終えていなければならないからだ。

わたしはたびたび考えて来たが、はだかの、もっとも苦しい情念である恐怖は、言ってみれば、筋肉の優柔不断の感情である。行動を促されているのに、自分にはそれができないと感ずる。めまいは一段とよく洗い出された恐怖の素顔を見せる。というのも、この場合苦痛は、克服できない疑惑からのみ生ずるからだ。そして、人が恐怖に苦しむのは、いつでも、あまりにも精神的なことによる。たしかに、倦怠におけると同じように、この種の苦痛において一番いけないことは、自分はそこから抜け出せないと思ってしまうことである。自分を機械だと思い、自分を軽蔑する。

デカルトの全思想は、さまざまな原因もその法も示されている。次の至上の判断のうちに集約されている。すなわち、武人の徳。そして、わたしには、デカルトが軍務に服そうとした気持が納得できる。テュレンヌ元師〔十七世紀半ばに活躍したフランスの将軍。計算された作戦と果敢な行動によって、武人の誉れが高い〕はたえず行動を起こし、こうして優柔不断という病気をなおし、それを敵側に与えていた。

思想において、デカルトはまったく同様である。大胆に思考し、つねに自己の命ずるところによって動いた。つねに決断を下していたわけである。幾何学者が優柔不断であったら、まことに滑稽なものだろう。それはきりがないのだから。一本の線には点がいくつあるのか。そして、二本の平行線を考える時、ひとは自分がなにを考えているか知っているのか。しかし、幾何学者の天分はひとがそれを知っているものと決めて、その決定を少しも変えず、またあともどりもしないようにと、ただそれだけを心に誓うのだ。一つの理論には、よく見れば、定義され、誓われた誤謬以外のなにものもないだろう。この賭において、精神は力いっぱい、ただ決定したにすぎないものを、立証しているのだとは決して信じまいとする。ここに、決してなにものも信ずることなしに、つねに確信をもちうることの秘密がある。かれは決心した、というのはいい言葉だ。一語で、同時に「解決した」という意味をもっている〔フランス語で、「決心する」という言葉には、また「解決する」という意味があること〕。

一九二四年八月十日

七十九　儀　式

優柔不断が苦痛の最悪なものだとすれば、儀式、職務、衣裳、流行などが、この世の神々であるのは当然だと思う。すべての即興がひとを苛立たせるのは、別のどんなことをしたり、言ったりすることができるだろうかという考えよりも、むしろ、二つの行動が肉体の中で一つにまじりあっているということによるが、そのことが、われわれの従僕である筋肉を狂わせ、そして、たちまちその効果があらわれて、われわれの暴君である心臓を狂わせるのである。不意をうたれて驚き、行動を促される人間は病人である。したがって、気ままな状態は人間をよこしまにする。子供をみればわかる。かって気ままな遊びで粗暴にならないものはない。それについて、悪しき本能が、いつも弓のように引きしぼられていて、法がそれを抑えているのだと考えたら、大きな誤りであろう。そうではなくて、法は人に好まれるものだ。これに反して、法の欠如はひとを不快にし、不決断によって苛立たせ、その結果とっぴな行動にかりたてるのである。はだかの人間は気違いめいている。衣裳はすでに一つの法であり、あらゆる法は衣裳のようにひとに好まれる。ルイ十四世は、側近の者たちに対して、驚くべき威光、一見不可解な威光をもっていた。それは、起伏《おきふし》、用便につけ、かれが定めた規律のすべてから生じたものであった。かれがこういう規律を課していたのは、権力をもっていたからだ、などとは言ってはならない。そうではなく、逆に、かれ自身が規律であったから、権力をもっていたのだと言うべきである。側近の者たちはみな、いつもかれのなすべきことはおよそ知っていた。そこから、古代のエジプト的平和の観念が出てきたのである。

戦争には、ひとを不愉快にするすべてのものがある。だが、推論はここで誤りをおかす。人間は戦争の中にすぐに平和を見出すからである。わたしは、真の平和、われわれの皮膚の中に住む平和のことを言っている。だれしも、自分のなすべきことを知っている。理性が不幸を思い起こしても、それはむだなことで、少しもおそろしくない。理性はまた、歓喜をすっかり蔽《おお》うには至らない。だれしも、自分の運命であるきまりきった職務や、猶予のならぬ行動を思ってしまう。かれの思考はこぞってそこにかけつけ、肉体がそのあとを追う。そして、この同意がただちに人間的事態をつくりあげるが、台風を耐えしのぶように、これを耐えしのばなければならない。ひとは、権勢が非常に多くのものも手に入れるのに驚く。しかし、それは、まさに多くのものを要求するからこそ、多くのものを手に入れるのだ。優柔不断を実によくなおす修道僧の規律もこのようなものである。祈禱をすすめることはなんの意味もない。これこれの祈禱を、これこれの時間にせよと命じなければならない。権勢特有の知恵は、必ず、なんの理由もない、まったくそっけない命令を出すに至るものである。ほんのちょっとした理由さえあれば、たちどころに、二つはおろか無数の考えが生まれるだろう。たしかに、考えることは気持よいことである。しかし、考える楽しみは、決断する術《すべ》を代償とする。この人間の模範はデカルトにある。かれが従軍したのはひとの知るところだが、それは楽しみのためだったと言うことはできない。そうではなく、あまりにもかかわりの多い思考から抜け出す一つの方法として従軍したのである。

ひとは流行を笑いたがるようだが、流行とは、なにか非常にまじめなものなのだ。精神はこれを軽蔑する様子をするが、しかし、まずネクタイをつける。軍服と僧服は、ひとの心を落着かせる驚くべき効果を見せる。それらは眠りの衣服である。心地よい怠惰、考えることなく行動するという、このもっとも心地よい怠惰の襞《ひだ》である。流行も同じ目的に向かうがまったく想像上のものである選択の喜びを与えてくれる。色彩はひとの心を惹きつけるが、選択を迫るので不安である。ここで苦痛が示されるとしても、それは芝居におけるように、薬をいっそうよく味わわせるためにすぎない。こういうことから、昨日は赤で安心できたものが、また青にもどったりする。要は意見の一致であり、この一致こそが流行を証明する。ここから、ひとを本当に美しくする心の平静が生まれる。なぜなら、黄色はあまり金髪に似あわず、緑色もあまり褐色の髪に似あわないというのは本当だからである。しかし、不安、羨望、後悔などのしかめっ面は、だれにも似あわないものだ。

一九二三年九月二十六日

八十　新年

贈答品の時期になって、たくさんの贈り物のことを考えると、喜びよりも、悲しみが湧いてくる。あれこれ金勘定しないで新年を迎えるほど、だれだって金持ではないからである。いろいろな人から受けとったり、またいろいろなひとに贈るつまらぬ品物は、商人をもうけさせるものだが、こうしたつまらぬ贈り物について、心ひそかに嘆く者は少なくないだろう。わたしにはまた、両親に多くの友人がいる少女が、年の暮にもらった最初の吸取紙を見ながら、「いいわ。吸取紙が集まるわ」と言っていた気持が理解できる。こういう贈り物熱の中には実は無関心があり、また抑制された怒りがある。義務はすべてを台無しにする。チョコレートは胃袋を重くするとともに、人間嫌いを育てる。かまうものか、早くひとにやってしまおう。早く食べてしまおう。ほんの瞬間のことにすぎないのだから。

まじめな話にもどろう。わたしはあなたに上機嫌であってほしいと願う。これこそ、贈ったりもらったりすべきものだろう。これこそ、すべてのひとを、そしてだれよりもまず贈り主を豊かにする本当の礼儀というものだ。この宝こそは、贈答によって増加するものだ、これは、街路沿いにも、電車の中にも、新聞売場にもまき散らすことができる。しかも、それによって微塵《みじん》も失われない。あなたがどこへ投げ捨てても、それは芽を出し、花をひらくだろう。どこかの四つ角で、馬車が何台か交錯すると、罵倒や悪口が乱れとぶ。馬は力いっぱいひっぱって、事態は自然と悪化する。困難とはすべてこうしたものだ。微笑し、自分の努力を考量し、掛声で右、左へとひっぱる怒りを少し和らげようとするならば、もつれを解きほごすのは容易なのだが、これとは逆に、実際は歯ぎしりして手綱のはしをひっぱるものだから、たちまち解きほごすのはきわめて困難となってしまう。奥さんが歯ぎしりする。賄《まかな》い婦が歯ぎしりする。羊の股肉がこげる。そこで、けわしい言葉がとぶ。これらのプロメテウス〔ギリシャ神話の神。天上の火を盗みゼウスの怒りにふれて、コーカサスの山の頂きに鎖でつながれた〕がひとりのこらず解きはなたれ、自由になるためには、これという時に微笑しさえすればよかったのである。だが、ひとりとしてこんな簡単なことに気がつかない。だれもが、自分の首をしめる綱を強くひっぱろうとするのである。

　共同生活は悪を繁殖させる。あなたがレストランに入るとする。隣の客に敵意ある視線を投げつける。メニューをじろっと見て、ボーイをにらむ。もうだめだ。不機嫌が一つの顔から他の顔に走る。と、すべてがあなたのまわりで衝突する。多分コップが割れることだろう。そして、その晩ボーイは妻君をなぐることだろう。不機嫌のこのメカニズムと伝わり易さをよく把握したまえ。そうすれば、あなたはもう魔法使いであり、喜びの授与者である。どこへ行っても、ひとに有難がられる神となる。ひとこと親切な言葉を言い、ひとこと親切に「有難う」と言いたまえ。

冷淡な馬鹿者に対しても親切にすることだ。そうすれば、あなたはこの上機嫌の波のあとを追って、どんな小さな浜辺にまでも行きつけるだろう。ボーイはちがった調子で、料理はどうかとたずね、客たちは別の態度で椅子の間を通りすぎるだろう。こうして、上機嫌の波はあなたのまわりに広がり、すべてのものを、そしてあなた自身をも軽やかにするだろう。それには限りがない。しかし、出発点によく気をつけたまえ。一日にしても、一年にしても、はじめをよくしなければならない。この狭い通りはなんと騒がしいことか。なんと多くの不正、なんと多くの暴力があることか。血が流れる。裁判官に来てもらわねばなるまい。こうしたことはすべて、たった一人の馭者が慎重にふるまうだけで、かれの手のちょっとした動きで、避けることができたのだ。だから、よい馭者でありたまえ。馭者席にゆったり坐って、手綱さばきをしっかりさせたまえ。

一九一〇年一月八日

八十一　祈願

新年になって花ひらく祈りや願いはすべて徴《しるし》にすぎない。それはそれでよい。しかし、徴はたいへん重要である。人間は何千何百年もの間、あたかも全宇宙が雲や雷や鳥によって、人間のためにめぐまれた狩猟を願い、或いは不幸な旅を思っていたとでもいうかのように、徴にしたがって生きてきた。ところで、宇宙はつぎつぎとある一つの事柄だけを告知するにすぎないのだ。誤りはただ、この世界を、賛意か非難を表わす人間の顔のように解釈したことであった。宇宙は意見をもっているかどうか、とすればどんな意見かと考える病気からは、われわれはほとんど回復している。しかし、われわれの同類は意見をもっているかどうか、とすればどんな意見かと考える病気からは、決して回復しないだろう。決して回復しないというのは、この意見というものは表明されるや否や、われわれの意見を根底から変えてしまうからである。

注目すべきことだが、ひとは、道理にささえられ、明瞭な言葉で表わされた意見に対しては、無言の意見に対するよりも強く抵抗するものだ。この第一の種類の意見である忠告というものは、多くの場合軽蔑しなければならないが、もう一方の意見は軽蔑することができない。これはわれわれをもっとひそかにとらえる。そして、どうやってとらえられるのかわからないので、われわれはそこから脱け出すことができない。おおっぴらになんでも非難すると言わんばかりの表情をした顔がある。こんな場合、できれば逃げ出すのがいい。なぜなら、人間は人間をまねなければならないものだし、わたしもまた、顔のしぐさによって、理解できないままに、非難を示さなければならなくなるからである。なにを非難するというのか。わたしにはまったくわからない。しかし、あの沈んだ顔色が、わたしの考えと企てのすべてを明らかにする。わたしは、これらの考え自体、企て自体の中に理由をさがす。わたしは理由をさがし、必ずそれを見つける。すべては複雑で、いたるところに危険があるからだ。そして、道を一つ横ぎるだけにしても、結局は行動し、危険をおかさなければならないので、わたしは自信なく、つまり、それほど元気もなく、のびのびしたところもないままに行動する。車にひかれるだろうと考える男は、その考えに助けられるのでなく、反対にそのために立ちすくんでしまうのだ。もっと時間がかかり、もっと複雑で、もっと不確実な事柄においては、敵意ある顔から受けとるこういう胸騒ぎの効果は、さらにいっそうはっきりしている。ある種の目つきは、つねにひとの心を呪縛《じゅばく》するものであろう。

話を礼儀の祝祭にもどすが、これは重要な祝祭である。だれもが、郵便配達夫がもってくる通知状をながめて、未来を案ずる時、どんなものになるかわからない今後の数週間、数カ月間が憂鬱な気分に染まってしまうのは、非常に悪いことだ。だから、だれもがその日にはよき予言者となり、友情の旗を掲げるがよいというのは、すぐれた規則である。風にひらめく旗は人間を楽しませることができる。かれは、他の人間や旗を掲げた人間の気分がどんなであったかを全然知らない。さらによいことは、ひとびとの顔にはっきりあらわれた喜びは、だれにとっても楽しい。それが、わたしのあまり知らない人たちの顔であれば、なおさらいい。その時、わたしは表情の意味をあれこれ考えないからだ。わたしはあるがままに表情をうけとる。それが一番いいのである。まったくのところ、陽気な表情は、それを示す本人を楽しい気持にする。まねることによって、こうした表情はいくらでも送りかえされてくるからである。子供たちの喜びは子供向きだなどと言ってはいけない。われわれは、深く考えなくても、またどんなに愛情がなくても、子供たちの表情にはよく気をつけている。ここではだれもが乳母である。だれもが理解するためにまねのしぐさをはじめる。それによって子供たちを教育することになる。

この祝日は、あなたが欲すると否とにかかわらず、あなたにとって楽しいものとなろう。しかし、もしあなたがそれを欲するなら、そして、礼儀のもつ偉大な観念をいろいろと検討するならば、その時祝祭は本当にあなたのための祝祭となるだろう。なぜなら、あなたは表情によって考えをととのえながら、来るべき数ヵ月の間、毒された表情や、だれかの喜びを傷つけるような予想は一つとしてひとに示すまい、と強い決心をするにちがいないからである。こうして、まずあなたは、すべての些細な不幸に対して強くなるだろう。その不幸はとるに足らぬものであるが、大げさに悲しげに言いたてるとかなり重大になるものなのだ。そして、あなたは、幸福を希望するそのことによって、ただちに幸福になるだろう。わたしがあなたに祈るのはそのことである。

一九二六年十二月二十日

八十二　礼　儀

礼儀を覚えるのはダンスを覚えるのと同じことだ。ダンスを知らない人は、むずかしいのは規則に通じそれにあわせて体を動かすことだ、とひとりぎめしている。しかしそれは物事をうわべだけでとらえた考え方で、固くならず、苦労なしに、したがってこわがらずに踊れればそれでよい。それと同じことで、礼儀の作法に通じることなどどうでもよいのだ。また、たとえ作法通りに振舞うとしても、それだけではまだ礼儀の入口に立ったにすぎない。必要なのは、動きが正確でのびのびしており、固くなったりふるえたりしないことだ。ほんのちょっとした身ぶるいでも相手にはすぐわかるものだから。第一、相手を落ち着かせない礼儀などあるはずもない。

これまでにもしばしば気がついていたことだが、声の調子そのものからして無作法な人がいる。声楽の先生なら、のどが緊張しているし、肩も十分楽になっていない、とでもいうところだろう。肩の動き一つでさえ礼儀正しい行為を無作法なものにする。感情のこめすぎ、わざとらしい落ち着き、力のいれすぎ、みんないけない。フェンシングの先生が生徒に注意するきまり文句は「力みすぎ」だ。とすれば、フェンシングも一種の礼儀で、どんな礼儀にも容易に通じるものがある。

乱暴や興奮を感じさせるものはすべて無作法だ。身ぶりだけでも十分だし、気配だけでも十分無作法に値する。無作法とは一種のこけおどしだともいえるだろう。そういうとき、しとやかな女性は身をかがめて保護を求める。力がうまく訓練されていないためにふるえる男性は、元気づいて興奮したら何を言い出すことだろう？　だから大きな声で話をしてはいけないのだ。サロンで見かけるジョーレス〔ジャン・ジョーレス、一八五九―一九一四。政治家。フランス社会党の領袖の一人〕は、他人の意見や習慣には無頓着で、ネクタイが曲がっていることなどしょっちゅうであった。しかしその声は、きくものに少しも強さを感じさせぬ歌うようなやさしさを帯びて、まるで礼儀そのものであった。思いもよらないことだ。なぜなら、彼の金属のようにひびく弁舌とライオンのような咆吼とは、だれでもきいた覚えのあることだったからである。力は礼儀と矛盾するものではない。力は礼儀を飾りたてる。能力の上の能力だ。

無作法な男はひとりの時でも無作法だ。ほんの小さな動作にも力みすぎる。融通のきかない感情と、臆病という自己恐怖が感じられる。私は臆病な男が公開の席上で文法を論ずるのを聞いたときのことを覚えている。彼の口調はもっともはげしい憎悪の口調であった。そして、感情は病気よりも早く感染するものだから、もっとも無邪気な意見のなかに怒りがあるのを見つけても私は少しも驚かない。それは声のひびきそのものや、自分自身に対する無駄な努力のために拡大された、一種の恐怖にすぎないことがよくある。また狂信も元をただせば無作法であるかもしれぬ。なぜなら、たとえそのつもりがなくても、いったん口に出したことは、しまいには本人もそう思いこむものだからだ。してみると、狂信は臆病の結果ということになろう。自分の信念をうまく維持できないという恐怖である。最後には、恐怖にほとんどたえきれなくなって、自己および他人に対して怒りをぶちまけるに到る。この怒りがもっとも不安定な意見にでも恐ろしい力を与えるのだ。臆病者を観察したまえ。彼らがどのようにして決心するかをみたまえ。痙攣というものが奇妙な思考方法であることが分るだろう。いろいろと廻り道をしたが、これで、茶碗を手にすることがどのようにして人間を教化するかがはっきりしたことであろう。フェンシングの先生は、コーヒー茶碗の中でのスプーンのまわし方だけで、それ以上何も動かして見せなくてもフェンシングの腕前を判定してきた。

一九二二年二月六日

八十三　処世術

宮廷人の礼儀というものがあるが、感心したものではない。それどころか、これは決して礼儀ではないのだ。わざとらしいものはすべて礼儀のなかに入らないように思われる。例えば、真に礼儀正しい人間だったら、軽蔑すべき人間、たちの悪い人間を、容赦なく、乱暴なまでにとり扱うことができるだろう。これは決して無作法ではない。考えぬいたあげくの親切となるともう礼儀とはいえぬ。計算ずくのおせじも同じことだ。礼儀ということばがふさわしいのは、何気なくなされる行動、表現するつもりのないものを表現する行動に限るのである。

軽はずみな人、たとえば思いついたことをなんでも口にだす人、最初の感情におぼれる人、自分の経験したことがよく分りもしないうちから、驚き、嫌悪、よろこびなどを慎しみもなく顔に出す人は、いずれも無作法な人間である。こういう人はたえず弁解しなければならないだろう。そういうつもりもなく、むしろ自分の意に反して他人をなやましたり、不安にさせてしまうからだ。

軽率な話をして、考えてもいなかったのに他人の気持を傷つけるのはつらいことだ。礼儀正しい人間は、その傷がとりかえしのつかなくなる前に、相手の不愉快を感じさりげなく方向を変える人である。しかし、言うべきことと言ってはならないことをあらかじめ判断して、いいわるいがはっきりしない場合には主人役に話題のかじをとってもらう方が、なおいっそう礼儀正しいやり方だ。これはすべて、考えてもいなかったのに人を傷つけるようなことを避けるためである。なぜなら、危険な人物の急所をチクリとやることが必要だと判断する場合だったら、それはその判断する人の自由だからである。その場合、彼の行為はじつのところ道徳に属するもので、礼儀に属するものではないのだ。

無作法とは常に無器用ということである。相手に年齢を思い出させるのはたちの悪いことだ。しかし、そのつもりがなくて、身ぶりか顔つきで、または気なしな話でそうしたとすれば、それはたちが悪いのではなく無作法だ。おなじく、人の足を踏みつけた場合、わざとしたのなら暴力だし、知らずにしたのなら無作法だ。無作法とはすべて思いがけない跳弾《はねだま》である。礼儀正しい人はそれを避ける。触れるとすれば進んで触れるのだ。触れた方がいい時に触れるのである。礼儀正しさ必ずしもへつらいを意味しない。

したがって、礼儀とは習慣であり、気楽さである。無作法な人間とは、装飾皿とまちがえて食器皿かがらくたを壁にかけるのと同じく、したいと思うことと別なことをする人のことである。つまり、言いたいことと別なことを言う人、ぶっきら棒な口調や、不必要に大きな声や、ためらいや、早口やのために、伝えたいこととは別なことを伝える人のことである。だから、礼儀はフェンシングと同じく、習って身につけることが出来るものだ。気どり屋とは、わけもわからずわざと大げさに物事を伝える人間である。臆病者とは、気どるまいと心掛けてはいても、行為や言葉を重大に考えるためにどうしたらいいかわからない人間である。その結果、御存知のように、行動や話を中止しようとして、緊張し、固くなる。自分自身に対する異常な努力の結果、彼はふるえ、汗をかき、顔を赤らめ、ふだんよりもっと無器用になってしまう。これとは逆に、優雅さとは、言葉の上からも、動作の上からも、他人を不安がらせず、傷つけもしない幸福の一形態である。そして、こういう長所は幸福全体にとって大いに重要である。処世術はこれらの長所を見逃してはならない。

一九一一年三月二十一日

八十四　喜ばせる

私は、教える必要ありと思われる「処世術」について話してきた。もしよければ、それに「喜ばせる」という案則をつけ加えようと思う。この規則はある人から私に提案されたものだが、この人は私の知るところによれば、生々とした活力にあふれ、自己の性格を改造した人である。こういう規則はちょっときいただけでは人を驚かす。だいたい喜ばせるといっても、それは人を嘘つきにし、おべっかつかいに、宮廷人にすることではないのか？　この規則をよく理解しよう。嘘言や卑劣さ抜きで行ない得る場合に限って喜ばせることを問題にしているのだ。ところで、われわれにとって、これはほとんどどんな場合にでも可能なのである。耳障りな声で、顔を真赤にして、不愉快な真実を言う場合には、それは単なる気分の動揺である。手当のしようもない単なる発作だ。後になって勇気を出せばよかったと思っても無駄である。思い切ってやってみるか、それよりもまず、決断でもしない限りは、それは恐らく出来ない相談だろう。ここから、次の道徳律を引き出そうと思う。「はっきりと心に決め、それも自分より力の強い人間に関する場合に限ってのみ尊大であれ」。しかし、声をはりあげずに真実を語り、またその場合でも、ほめるに値するものを更にえらんで口にすることの方が、恐らくはよりよいことであろう。

どんなものにでも、たいていはほめることがあるものだ。なぜなら、真の動機はわれわれにはいつだってわからないし、それに、卑怯であるというよりは穏健なのだとか、用心深いというよりは友情なのだとか考えた所で、別にどうということはないからである。とくに、若い人たちに対しては、想像にすぎない事柄については、すべてを最上に解釈させ、自分自身については、その見事な肖像をつくらせるがよい。これに反して、あらさがしは何の役にも立たない。例えば、詩人の場合は、彼の最も美しい詩を覚えていて話してやるがよい。政治家の場合は、彼の犯さなかった罪をすべて指摘して、彼をほめてやるがよい。

ここで私は、幼稚園に関するある話を思い出す。それまでは悪ふざけや落書ばかりしていたほんの小さな腕白小僧が、ある日のこと、三分の一頁ばかりきちんと習字を書いた。先生が机の間を廻っていい点をつけていた。ところが、せっかくの三分の一頁の労作に対しては先生が見むきもしなかったので、この腕白小僧は「へ、いいや、おれ……そんなら!」といった。かれはまったく露骨にこの言葉を口にした。なぜなら、この幼稚園はサン・ジェルマンのような高級住宅地になかったからだ。これをきいて、先生は彼の所に戻り、何もいわずにいい点をつけてくれた。もっとも習字に対してであって、ことばづかいに対してではなかった。

しかし、今の例はむずかしい場合の一例である。いつでも、ためらうことなく、ほほえんだり、礼儀正しく親切にふるまえるケースだって他にたくさんある。大ぜいのなかでちょっとおされたような場合、笑ってすませるようにしておきたまえ。笑いは押し合いを解消する。なぜなら、だれでもかっとなったことを恥ずかしく思うからだ。そしてあなたの方も、本当に怒り出さず、つまり、ちょっとした病気にならずにすむことだろう。

以上のように、私は礼儀というものを考えたい。それはさまざまな感情に対する体操に他ならない。礼儀正しいとは、あらゆる身ぶり、あらゆる言葉をつかって、次のように言ったり、表現したりすることである。「いらいらするな。人生の今の瞬間をだいなしにするな」。ところで、これは福音書的善良さだろうか？　そうではない。そこまでいうつもりはない。善良さは思いやりを欠いて人をはずかしめることがある。真の礼儀は、むしろ、人から人へと伝わって行くよろこびの中にある。このよろこびがすべての摩擦を和らげてくれるのだ。そして、この意味の礼儀はほとんど教えられていない。いわゆる社交界で、腰の低い人はたくさん見たが、礼儀正しい人は一度も見たことがない。

一九一一年三月八日

八十五　医師プラトン

体操と音楽とが医師プラトンの二大療法だった。体操とは、筋肉が自分で行なう適度の訓練のことで、その目的はそれぞれの形に応じた内部からの伸縮である。調子の悪い筋肉は、ほこりのつもった海綿に似ている。筋肉を掃除するのも海綿を掃除するのと同じで、水でふくらませ、何度も押してみる。生理学者たちは、心臓は中空の筋肉のことだと何度もいっている。しかし、その筋肉は収縮と弛緩によって交互に圧縮したり膨脹したりする血管叢をふくんでいるから、各々の筋肉が一種の海綿状の心臓で、その動き、つまり貴重な源泉は、意志によって調整できるといっても差し支えあるまい。ここからわかることだが、体操によって筋肉を支配し得ない人たち、つまりいわゆる臆病者たちは、自分のなかに血行の乱れを感じる。この乱れた血液が柔かい部分に運ばれると、理由もなく顔が赤くなったり、圧力の高い血液が脳を侵して、しばしの錯乱状態をひきおこす。さらに、よく知られたことだが、内臓が水びたしになったような不快感をおぼえさせる。こういう症状に対しては、筋肉の規則正しい運動はまちがいなく最善の療法である。そしてこの場合に、音楽がダンスの教師という形をとってあらわれるのが見られる。この教師は、安ヴァイオリンで血液の循環を最高に調整する。こうして、周知のように、ダンスは臆病もなおすが、もっと別の方法で、つまり筋肉をゆったりとなめらかにのばすことで、心臓を楽にする。

最近、ある頭痛持ちが、食事の間は咀嚼の運動で痛みがたちまち軽くなると話してくれた。わたしは彼に言った。「それならアメリカ人のまねをして、チューインガムを嚙んだらいい」。もっとも彼がその通りにしたかどうかは知らないが。苦痛はじきにわれわれを現実ばなれした考えの中に投げこむ。われわれは、苦痛のあるところ直ちに不幸を想像するが、この不幸はわれわれの皮膚の下にもぐりこんだ空想的なものであり、魔法によってでも追い払いたくなるしろものだ。われわれには本当らしく思えないのだが、筋肉の規則正しい運動が嚙みついた怪物即ち苦痛を消すのである。しかし、普通は、嚙みついた怪物もいなければ、それらしいものもいないのだ。それは間違った比喩である。片足で長い間立ってみるとよい。激しい苦痛を生じさせるためにも、その苦痛をなくすためにも、どちらも大した変化を必要としないことが確かめられるだろう。あらゆる場合に、そういってわるければ、ほとんどの場合に、ダンスに類するものを発見することがかんじんなのだ。筋肉をのばし、のびのびとあくびすることが幸福なのは誰もよく知っている。しかし、体操によってそれをやって見ようとまでは考えつかない。しかもこの楽にしてくれる運動がそこから始まろうというのに。眠れない人たちは眠気やのびをするたのしさをまねるべきであろう。ところが、かれらは全く反対に、焦燥、不安、憤怒をよそおう。ここに常にきびしく罰せられる傲慢の根源が存する。それだからこそ私は、ヒポクラテス〔紀元前五世紀の医聖。冷静、綿密な病人観察の記録をのこした〕にならって、真の節制について述べようと試みるのだ。真の節制は衛生の妹であり、体操と音楽の娘である。

一九二二年二月四日

八十六　健康法

普通、心が平静だからといって一銭にもなりはしないが、健康にいいことはたしかだ。幸福であってもだれの目にもとまらない人もいる、栄光がその人を探しにくるのは死後四十年もたってからのことだろう。しかし、羨望よりも身近かにいて、かつそれよりもはるかに恐ろしいあの病気というものに対しては、幸福が最良の武器である。にもかかわらず、悲しんでいる人は、幸福が結果であって原因ではないなどとけちをつける。この考えは単純すぎる。力があるから体操が好きになる。しかし、好きでやるから力がつくともいえるのだ。要するに、こう言ってよければ、内臓にはたしかに二通りの働きがあり、一つは格闘や排泄に味方し、もう一つは逆に当人の首をしめ中毒させる。おそらく、指をひろげるようには自己の内臓をのばしたりちぢめたりは出来ないだろうが、喜びが内臓のよい働きの明らかなしるしである以上、喜びを志向する思想は、すべて同様に健康に向いていると断言出来る。

それでは病気の時でも喜んでいなくてはならないのか？　だがそれは馬鹿げてもいるし、出来はしない、とあなたは言うだろう。待ちたまえ。軍隊生活は弾丸だけは別として健康によいとよく言われる。私にはその間の事情がよくわかる。なにしろ三年間というもの、朝露の中を三べんほどまわって、ちょっとの物音にも自分の穴に逃げ帰る、あの野兎と同じ生活を送ったことがあるのだ。疲労と眠気の外には何一つ感じない三年間をだ。ところで、当時私は当世風の胃を所有していて、すわったきりで考え事をする人間にありがちの持病を、二十代以来背負いこんでいた。体の調子がよくなったのも、田舎の空気と活動的生活のおかげだとあっさり片付けられたが、私には別の原因がわかっている。ある日のこと、一人の歩兵伍長が幸福を絵にかいたような顔をして私の壕にやってきた。彼は以前「おれたちはもうこわくない。危険しかないのだから」といっていた男だが、その時はこう言ったものだ。「とうとう病気になったぞ。熱がある。軍医がそう言ったのさ。明日また診てもらうんだ。きっとチフスの熱だぜ。立っていられないくらいだ。目の前がぐるぐる廻ってら。やっとこれで病院行きだ。二年半も泥んこの中にいたんだ、これ位のご利益《りやく》にもありつけるってものさ」。しかし、私には、喜びが彼の病気をなおしつつあることがよくわかっていた。あくるひ、熱はすっかりひいて、彼はフリレー〔ナンシー地区。一九一四年九月ヴェルダン攻防戦の一環としてここでドイツ軍とのたたかいが行なわれた〕の気持よい廃墟を素通りして、これまでよりもっと悪い戦線に移動したというわけだ。

病気であることは過失ではない。規則違反だとか、不名誉だなどと文句をつけることは出来ない。自分の体に病気の兆候をひそかに見つけて、たとえそれが命にかかわるものであったにせよ、有頂天にならなかった兵士がいるだろうか？　人間あまりにも苦しい時には、病気で死ぬのが楽しいと考えるようになるものだ。こういう考え方は、どの病気に対しても十分強力である。喜びは最良の医者よりもずっと上手に、肉体をその内部において処理する。万事を悪化させるのは、病気になるという心配ではない。神の恩寵として死を待っていたという隠者たちの話が本当だとすれば、彼らが百歳の齢を保ったときいても私は驚かないだろう。何に対しても関心を持たなくなった老人がそれでもなお生きつづけることに我々は感心させられるものだが、その原因は彼らがもはや死の恐怖を感じていない所におそらくはあるのだろう。このことは常に理解しておく価値がある。騎手を落馬させるのが恐怖からくるぎごちなさによることが理解しておく価値があるのと同じである。世の中には、偉大にして強力な策略となりうる無頓着《むとんじゃく》というものがある。

一九二一年九月二十八日

八十七　勝　利

人が幸福を探しはじめるや否や、その人は幸福を見つけられない運命におちいるが、このことには何の不思議もない。幸福は、あのショーウィンドーのなかの品物とは違って、えらび出し、代金を払い、家に持って帰ることの出来るものではない。品物の場合は、よく品定めさえすれば、ショーウィンドーの中にある時も、家に帰ってからも、青は青であり、赤は赤であろう。ところが幸福は、あなたがしっかり手につかんではじめて幸福となる。世の中に、あなたの外部にそれを求めるなら、幸福は決してどこにも姿をあらわさないだろう。要するに、幸福については推測も予見も不可能なのだ。現に持っていることが肝心なのだ。未来に幸福があるように思われるときには、よく考えてみるがいい。それはつまり、あなたはすでに幸福を持っていることなのだ。期待をもつということ、これは幸福であるということだ。

詩人たちは物事をうまく説明できないことがよくあるが、私にはその理由がよくわかっている。詩人たちは音節の数や韻をあわせるのに苦しむあまり、ありふれたことしか言えなくなってしまうのだ。彼らに言わせれば、幸福ははるか未来にある間は光り輝いているが、手にしてみるともう少しもいい所がなくなっている。まるで虹をつかまえたり、手のひらに泉の水をすくおうとするのと同じなのだそうである。しかし、この表現はお粗末だ。幸福のあとを追うなどというのは、言葉の綾でしかない。そして、自分たちのまわりに幸福を探し求める人たちを特に悲しませることは、幸福でありたいとは考えられなくなっている証拠なのだ。私がブリッジ遊びをする気にならないのは、私がその遊びを知らないからだ。ボクシングやフェンシングについても同じことである。音楽についても同様で、まずいくつかの困難をのりこえた人がはじめてその面白味を知る。読書についても同じことが言える。バルザックをきわめるには勇気が必要だ。まず退屈するからである。怠惰な読者の態度はとても面白い。パラパラと頁をめくる。何行か読む。本を投げ出す。読書の幸福は、なれた読書家でもびっくりするほど予知しがたいものだ。学問は遠くから見ていては面白いものではない。一歩踏みこむことが必要だ。そして最初には強制が、一貫しては障害が、必要である。規則正しい努力と相つぐ勝利こそおそらくは幸福の公式なのだろう。そして、トランプ遊び、音楽、戦争などのように、共同作業である場合、幸福が生き生きとしてくるのはまさにそういう時である。

しかし、孤独な幸福もある。これにも行動、努力、勝利といった同じトレードマークがつきものだ。けちんぼの幸福、収集家の幸福がそれだが、この両者の間には、お互いに更によく似た所がある。けちんぼが古い金貨に執着するようになると特にそうなのだが、けちであることが悪徳とみなされるのに、七宝《しっぽう》や象牙や絵画や稀覯《きこう》本などをガラス戸棚にならべる人の方はかえって感心されるのはどういうわけなのだろう？　金貨を他の楽しみと交換しようとしないけちんぼは嘲笑されるが、汚すことを恐れて決して本を読まない書籍収集家だっているのだ。実のところ、こういう幸福でも、他の幸福と同じく、はなれては味わえないものなのだ。切手が好きなのはそれを集めている人だが、私には切手のことは何一つわからない。同様に、ボクシングが好きなのはボクサーで、猟が好きなのは狩猟家で、政治が好きなのは政治家だ。自由な行動の中ではじめて人間は幸福なのだ。安心して幸福でいられるのは規則のおかげである。サッカーの場合でも、学問研究の場合でも、要するに規律の承認のおかげである。そしてこういう義務というものは遠くからみると面白くない。それどころか不愉快でさえある。幸福とは求めなかった人たちのところへやってくる報酬である。

一九一一年三月十八日

八十八　詩人

ゲーテとシラーの往復書簡に見られる二人の友情は美しいものだ。お互いに相手に対して、一方の人間の性質が相手の性質から期待し得る援助だけを与えている。それは、一方の人間が相手の性質を確認し、相手に対して自己に忠実であることだけを要求することである。人間をあるがままに受けとることは大したことではない。どんな場合でもそこに到達するにきまっているのだ。しかし、あるがままであってほしいと願うこと、ここにこそ真実の愛がある。だからこの二人は、それぞれ自分の探究精神を発揮して、少なくとも次のことを二人とも見たわけである。即ち、差異は美しいということ、物事のねうちというものはバラから馬へというふうにならべられるのではなく、一つのバラから別の美しいバラへ、一頭の馬から別の美しい馬へというふうにならべられるということである。趣味は論じるべきでない、とはよくいわれることばだが、どちらがバラをえらび、どちらが馬をえらぶかということについてならば、そう言ってもよい。しかし、美しいバラとはなにか、美しい馬とはなにかということについては、議論してもかまわない。意見の一致点を見出すことも出来るのだから。ところが、今の例は、まちがってはいないがまだ抽象的である。なぜなら、今の例は、まだ、人類すなわちわれわれ、そしてわれわれの欲望に従属しているからだ。絵よりも音楽の方がいいと弁護するものはいないだろう。しかし、原画と模写について、原画の方には自発的に展開された自由な資質のしるしが見られるが、模写の方には奴隷的痕跡と外からの観念にもとづく展開が見られる、というふうに議論するのは無駄ではない。わが二人の詩人は、手紙にこそ書きつけなかったが、こういう差異は内心感じていたに違いない。感心すべきことは、この二人が互いに議論し合い、またしばしば完全とか理想とかについて話し合いながら、相手の本質を片時も見失わなかったということだ。それぞれ相手に忠告を与え、口うらを合わせたように「僕ならこうしたろう」と語るのである。しかし、それと同時に、どちらも相手に対する忠告が相手にとっては無に等しいことを確信している。そして忠告を受ける方は受ける方で、我が道を行くことに心をきめ、忠告を相手にきっぱりと送り返すことをもってその答えとしている。

私は思うのだが、詩人やすべての芸術家は、幸福というものによって、自分に出来ることと出来ないこととを知らされる。というのは、アリストテレスも言っているように、幸福は能力のしるしだからだ。しかし、この規則の適用されるのは、私の考えによれば、芸術家に限ったことはない。たいくつした人間ほどこの世で恐ろしいものはない。意地が悪いといわれる人たちはだれでも、たいくつすることによって不満なのだ。意地が悪いから不満なのではない。むしろ、どこへ行こうとたいくつしていることこそ、彼らが自己完成を展開せずして、盲目的かつ機械的原因にしたがって行動していることの証拠である。それに、もっとも深刻な不幸と、もっとも純粋な邪悪とを同時に表現するものは、猛り狂う狂人以外おそらくこの世には存在しないだろう。しかしながら、いわゆる意地の悪い連中のなかに、いやわれわれ一人一人の中においても、間違ったところ、機械的なところと同時に、奴隷の狂暴さが見られる。これに反して、幸福によって作られたものは美しい。芸術作品がはっきりとこのことを証明している。顔つき一つを見て、あの人は幸福だ、などと断言されることがある。しかし、すべてよい行動はそれ自体美しく、人間の顔も美しくするのである。ところで、いつでも、美しい顔が嫌われることはない。この点から推測すれば、完璧なものは決して相互に衝突するものではなく、不完全さや悪徳こそ闘い合うものなのだ。恐怖がそのいちじるしい例である。だからこそ、暴君や臆病者のお手のものである束縛というやり方は、私にとっては本質的にばかげており、あらゆる愚行の母であるように思われるのだ。束縛をときほどけ、解放せよ、そして恐れるな。自由人は武装から解放されているものだ。

一九二三年九月十二日

八十九　幸福は美徳である

外套ぐらいにしかわれわれ自身にかかわりのない幸福がある。遺産相続とか、富くじにあたるとかのたぐいである。名誉もこの同類である。得ようとして得られるものではないのだから。しかし、われわれ自身の力に依存する幸福は、これに反して、われわれと一体になっている。羊毛が緋色に染まる以上に、幸福はわれわれの体を染める。難船から逃れてまるはだかで陸に上り、「わしは全財産を身につけている」といった古代の賢人がいる。こういうぐあいに、ワグナーはその音楽を、ミケランジェロはその描き得た崇高な画像の一切を、身につけていたのである。ボクサーも、彼の拳や脚の練習のすべての効果を、冠や金銭をもつのとは別なふうに身につけている。もっとも金の持ち方にもいろいろあって、いわゆる金もうけのうまい人は、無一文になった時でも、自分自身という金をまだもっているのである。

昔の賢人たちは幸福を求めた。隣人の幸福ではなく自分自身の幸福を。今日の賢人たちは、自分自身の幸福は求めるに足る高貴なものではないと口をそろえて説く。中には美徳は幸福を侮蔑するとまで無理をして言うものもあるが、言うだけなら別にむずかしいことでもない。共同の幸福こそ自分自身の幸福の真の源泉だと教えるものもいるが、これこそおそらくもっとも中身のない意見だろう。なぜなら、まわりの人たちに幸福を注ぎこむのは、穴のあいた革袋に注ぎこむのと同じように、これほどむだな作業はないからである。わたしの見たところでは、自分自身にたいくつしている連中を楽しませることなどできはしない。逆に、物欲しそうな顔をしていない人たちにこそ、何かを与えることができるのだ。たとえば、すでに音楽家になっている人には音楽を与えることができるように。要するに、砂漠に種をまいてもむだだということだが、私はこのことをよく考えてみて、何も持たぬものは受けとることもできぬ、と断ずる、種蒔く人の有名なたとえ話〔新約聖書、マタイ伝第十三章に、「それ誰にても、もてる人は与えられていよいよ豊ならん。されどもたぬ人は、そのもてる物をも取らるべし」とある。同じたとえはマルコ伝第四章、ルカ伝第八章にもある〕を納得できたような気がする。それゆえ、力をもち、自分だけで幸福な人は、他人によっていっそう幸福になり、力をもつようになろう。なるほど、幸福な人たちは、上手に幸福を取り引きし、上手に交換をするだろう。しかし、幸福を与えるためには、自分のなかに幸福をもっていなければならない。そして、幸福になろうと決心した人は、こんどこそこういう方面をながめねばならぬ。そうすれば、何の役にもたたない愛し方などしないですむのだ。

だから、私の意見では、内なる幸福、自分自身の幸福とは、徳に反するどころか、むしろ、力を意味するこの徳《ヴェルテュ》という美しい言葉が示しているように、それ自体が美徳なのである。なぜなら、完全な意味でもっとも幸福な人とは、着物を投げ捨てるように、別の幸福を船外に適切に投げ捨てる人であることは、全く明らかだからだ。だが彼は自分の真の宝物は決して投げ捨てないし、またそういうことはできるものでもない。突撃する歩兵や、墜落する飛行士でさえも、そういうことはできない。彼らの内心の幸福は、自身の生命と同じく彼ら自身にしっかりと釘で打ちつけられている。彼らは、武器によって闘うように、幸福によって闘う。倒れようとする英雄にも幸福はあるとの言もここから来ている。しかし、この場合は、本来スピノザのものである次の表現にあらためて言うべきである。すなわち、彼らが幸福であったのは、祖国のために死んだからではない。それどころか、反対に、彼らが幸福であったからこそ死ぬ力を持ち合わせていたのだ。万霊節の花輪がこういうふうに作られんことを。

一九二二年十一月五日

九十　幸福は寛大であること

幸福たらんと欲し、それに身を入れることが必要である。幸福に道をあけ、戸口をひらいたまま、公平な観客の立場にとどまっているなら、入ってくるのは悲しみであろう。悲観主義の本質は、単純な不機嫌もほうっておけば悲しみやいらだちに変る、という点にある。なにもしていない子供を見ていれば、それはわかる。子供はじっとなどしていない。遊びの魅力というものは、この年齢の子供にとっては大へん強いもので、飢えや渇きをよびさます果物どころではない。しかし、わたしの見るところ、そこにあるのはむしろ、遊戯によって幸福たろうとする意志である。もっともこれは子供たちばかりとは限らないが。そしてこの場合意志が優位に立つ。というのは、問題は、動きまわったり、コマを廻したり、走ったり、叫んだりすることだからだ。こういうことは、すぐに実行できることなのだから、意志の範囲内のことだ。これと同じ決断が社交の楽しみの中にも見られる。これはきまりきった楽しみであるが、それでも衣装や態度によって自ら身を処することが要求される。それがまた秩序を維持することになるのだ。都会人にとって田園生活の中でとくに楽しいのは、そこへ行くことである。行動は欲望を伴なう。私の考えでは、できないことは、それをやりたいという気を起こすことさえできないのであり、孤立した希望はいつも悲しいものである。だから、当然くるものとして幸福を待っている限り、個人の生活は常に悲しいものである。

　どこにでも家庭内の暴君は見受けられる。そして、それを見た人は、エゴイストというものは自分自身の幸福をもって周囲の人たちの掟とする、などと考えたがるだろうが、それは考えが浅すぎる。物事は決してそういうぐあいには運ばない。エゴイストが悲しいのは、幸福を待っているからだ。大ていの所になら存在するほんの些細な害悪すら何一つ存在しないとしても、倦怠はやはりやってくる。だから、エゴイストが、自分を愛してくれる人や自分を嫌う人に対して課するのは、他ならぬ倦怠と不幸の掟である。これに反して、上機嫌には寛大な所がある。受けとるよりもむしろ与えるのだ。われわれが他人の幸福を考えねばならないのは当然だが、自分を愛してくれる人たちのためになし得る最善事は、やはり自分が幸福になることだ、ということは十分にいいつくされていない。

　これは礼儀のことを考えるとよくわかる。礼儀とは外観の幸福であり、内部に対する外部の反作用によってただちに感じとられる。それは不動の掟でありながら、いつも忘れられている。だから、礼儀正しい人は、報いられることを知らないで、ただちに報いられる。若い人たちの、まちがいなくききめのある最良のおせじは、年配の人たちの前で、幸福の輝きである美しさを決して失わないことだ。これはいわば彼らの行なう親切《グラース》というものだ。このGrâce《グラース》ということばは、実にさまざまな意味を持っているが、その中にある別な表現を使えば、理由のない幸福、泉から湧き出るように存在そのものから湧き出る幸福と言ってもよい。優雅《ボンヌ・グラース》といえば、グラースに加えて、もう少し注意力と意志とが働いている場合を言うのだ。これは青年の豊かさではもう間に合わなくなった時にあらわれる。しかし、どんな暴君であろうと、よく食べるとか、たいくつそうに見せないとかいうことは、満更《まんざら》でもないことだ。それだからこそ、憂鬱な暴君、他人の喜びを少しも好まないように見える暴君が、なににもまして喜びをもっている人々によって、打ち破られ、征服されることがよくあるのだ。作家たちもまた、書くことのよろこびによって、他人をたのしませる。表現の幸福とか、幸福ないいまわしとか言われるのもゆえなしとしないところだ。あらゆる文飾はよろこびでできている。われわれ人間は、自分にとって快いもの以外は、お互いに要求しない。礼儀が処世術という美しい名前をもらった所以である。

一九二三年四月十日

九十一　幸福となる方法

子供たちには幸福である法をちゃんと教えるべきだろう。不幸が現にふりかかるときに幸福である法のことではない。それを教えるのはストア派におまかせする。そうではなくて、周囲の状況はまあまあで、人生の苦しみといったら些細な心配事やちょっとした不愉快さどまりというときに幸福である法のことである。

第一の規則は、現在のものにせよ過去のものにせよ、自身の不幸は決して他人に話さないことだろう。頭痛、吐き気、胸やけ、腹痛などの話を他人にするのは、たとえことばづかいに気をつけたにせよ、失礼なこととみなされるに違いない。不正や誤算についても同じだ。子供や青年、また大人に対しても、彼らが忘れすぎているように思われる次のことを説明すべきだろう。すなわち自分についてぐちをこぼすのは他人を憂鬱にするだけだ、つまり相手が打ち明け話をききたがり、慰めるのが好きらしい場合であっても、ぐちはきき手を不愉快にするだけなのだ、と。なぜなら悲しみとは毒のようなものであり、悲しみを愛することは出来ようが、居心地はよくないからである。結局のところ正しいのはいつでももっとも深い感情なのだ。だれでも生きようと努めているので、死のうと努めているのではない。そして、生きている人たち、つまり、自分は満足しているといい、自分が満足していることを示す人たちを求めているのだ。もし一人一人が灰を前にして泣いてばかりいないで、自分の薪を火にくべさえしたら、人間社会はどんなにすばらしいものであることだろう！

これらの規則が上流社会の規則であったことに注目したまえ。そこでは自由にしゃべるということがなかったために、人々がたいくつしていたのは事実だ。わが市民階級は、お互いの会話に、それに必要な自由なしゃべり方をすっかりとり戻すことができた。それはそれで大へん結構なことだ。しかし、だからといってめいめいが自分の不幸を持ってきて積み重ねてもよいということにはならない。そうなったら、更に陰気な退屈が出来上るばかりだろう。だから、交際を家庭の外部にまで拡げるべきである。なぜなら、家族の範囲では、お互いにあまりにも心安く信頼しきっているので、ちょっとした事柄にもぐちをこぼすことがよくあるからなのだ。もし相手に気に入られたいなどという気が少しでもあれば、そんな事柄については考えもしないのだが。権力をめぐる策謀のたのしさは、口にするにはたいくつな無数の些細な心配事を、必ず忘れさせてくれるところに恐らく由来するのだろう。策謀家は求めて苦労するといわれるが、この苦しみは音楽家、画家の苦しみと同じく、やがて楽しみに転ずる。しかも策謀家は、些細な心配事を口にする機会も時間もないのだから、だれよりもまずその心配事から解放されているのだ。原則はこうである。もしきみが自分の苦しみ、といっても些細な苦しみのことだが、それを口にさえしなければ、きみはいつまでもそのことを考えずにすむだろう。
今課題になっているこの幸福である法のうちに、悪天候のうまい使い方についての役に立つ忠告も加えておこう。私がこれを書いている今、雨が降っている。無数の小さい溝がざわめいている。空気は洗われて、濾過されたようだ。雲はすばらしいちぎれ綿に似ている。こういう美しさを手に入れることを学ばねばならない。しかし、人によっては、雨が収穫をだめにするという。また泥のためなんでも汚れるという人もいる。また別な人は、草の上に坐るのは大へんいい気持なのにともいう。もちろんだ。みんなもっともなことを言っているのだ。あなたが不平を言ったからとて何の役にも立ちはしない。私は不平の雨にびしょぬれになり、この雨は家の中まで追いかけてくる。さあ、雨降りの時こそ、晴々とした顔がみたいものだ。だから天気の悪い時には顔の方を晴天にすることだ。

一九一〇年九月八日

九十二　幸福であるべき義務

不幸だったり、不満だったりするのはむずかしくない。だれかが楽しませてくれるのを待っている王子のように、坐っていればよい。幸福を待ちぶせして商品みたいに値ぶみする視線は、あらゆるものの上に倦怠の影を投げかける。それもおっかなびっくりではなく。なぜなら、そこにはすべての捧げものを軽蔑する一種の力があるからだ。しかし私の見るところでは、そこにはまた、子供たちが庭をつくるように、わずかなものから幸福を作り上げる巧みな職人たちに対する焦燥と怒りがある。わたしは逃げだす。わたしの経験によればよくわかるのだが、自分でたいくつしている人たちの気をまぎらすことはできないのだ。

それと反対に、幸福は見た目にも美しい。最上の観物《みもの》である。子供以上に美しいものがあろうか？　しかし、また、子供はすべてを自分の遊びにうちこむ。だれかに遊んでもらおうなどと期待してはいない。たしかにすねた子供がわれわれに別な顔を、いっさいの喜びを拒絶する顔を見せることもある。ところで幸いなことに子供はじきに忘れるものだ。ところが誰でも見たことがあるように決してふくれっつらをやめない子供たちがいる。彼らの言い分にも根拠があることはわかっている。幸福であることはいつもむずかしいものだ。それは多くの事件、多くの人間に対する戦いである。負けることだってあるかもしれない。どうにも手のつけられない事件とか、かけ出しのストア主義者の手には負えない不幸とかがあることはたしかだ。しかし、全力をあげて戦ってからでなければ負けたと思ってはならないということは、おそらくもっとも理解し易い義務であろう。そして、それにもまして、わたしにとって間違いないと思われるのは、望まなければ幸福にはなれないということである。だから、自分の幸福を望み、それを作り上げることが必要だ。

じゅうぶんまだいいつくされていないことだが、幸福であることは他人に対する義務でもある。幸福な人以外には愛される人はいない、とは至言である。しかし、この褒美が正当なものであり、当然なものであることは言い落とされている。というのは不幸や倦怠や絶望がわれわれの呼吸するこの空気の中にあるからだ。だから、こういう汚染した空気にたえ、公共生活を精力的にいわば身をもって浄化してくれる人にわれわれは感謝し、戦士の栄冠を捧げる義務があるのだ。この点を考えれば、愛の中で、幸福になることを誓う以上に奥深いものはなにひとつみあたらぬ。愛する人の倦怠、悲しみ、あるいは不幸ほど克服しがたいものがまたとあろうか？　すべての男女はたえず次のように考えるべきであろう。幸福とは、もっとも自分のために獲得する幸福の意味だが、それはこの上なく美しく、この上なく気前のよい捧げ物である、と。

さらに進んで、幸福であることを決意した人々に対する褒美として、市民の月桂冠といったようなものを私は提案したい。なぜなら、私の意見では、これらすべての死骸、すべての廃墟、このばかげた浪費、警戒のための攻撃などは、自分では決して幸福になりえなかった連中、そして幸福になろうとする他人を容赦しえない連中のしわざだからである。子供のころ、私はめったにへこたれぬ、てこでも動かない、いたって鈍感な重石のような少年であった。だから、悲しみとたいくつにやせ細った。軽石のような少年が、わたしの髪の毛をひっぱったり、つねったりして、いつでもわたしをばかにしてはよろこんでいたものだ。もっとも最後にはとてつもない一発が相手の少年をお見舞いしてけりがつくのだったが。今では、地中の精が戦争を予告し、その準備をしているのをみとめると、決して理由などせんさくしない。他人の心が平静であるのにがまんがならないこれら有害な地中の精のことは十分に承知しているからだ。こういうわけで、平和なフランスは、平和なドイツ同様、わたしの目から見ると、少数のいじめっ子どもにいじめられ、最後にはカッとなってしまう頑丈な子供なのだ。

一九二三年三月十六日

九十三　誓わなければならぬ

悲観主義は気分に由来し、楽観主義は意志に由来する。あなたまかせの人間はみんなめそめそしているものだ。だがまだ言葉が足りない。彼らはやがて興奮し、いきりたつ。よくみかけることだが、子供の遊びに規律がないとけんかになってしまうようなものだ。この場合、自分で自分をいためつける異常な力以外に原因はない。結局、上機嫌などというものは存在しないので、正確にいうなら、気分というものは悪いのが普通なのであり、すべて幸福とは意志と抑制の産物である。どんな場合でも理屈はどれいである。気分は途方もない体系をくみたてるもので、その拡大されたものが狂人においてみられる。自分が被害者だと思いこんでいる不幸な人間の言葉には、いつでも本当らしさと雄弁らしきものがある。楽観主義の雄弁は心を静める種類のもので、これはただしゃべりまくる憤激にのみ対立する。なだめ手にまわるのだ。効能を示すのは語調であって、言葉は鼻歌ほどの意味ももたない。不機嫌につきもののあの犬のような唸り声は、まずまっさきに改めねばならない。なぜなら、それこそわれわれの内部に病気《マル》のある確かな証拠で、それが源となって外部にあらゆる害悪《マル》が作り出されるからだ。だからこそ礼儀は政治のよい規則なのだ。礼儀《ポリテス》と政治《ポリティク》という二つの言葉は親類なのだ。すなわち礼儀正し《ポリ》いものは政治家《ポリティク》というわけである。

これについては不眠症が説明してくれる。そして、生きていることが、生きていること自体によってたえがたく思われてくるようなこの異常な状態は周知のことである。ここではもっと踏みこんで観察する必要がある。自制心は存在の一部をなしている。いや、存在を組み立て、確立していると言った方がよい。まず行動から事が始まる。木材を鋸で挽いているときには、何のとどこおりもなく順調に廻転する。猟犬のむれが獲物を探しているときには、犬同士で喧嘩をすることはない。それゆえ、思考の病気に対する特効薬は、鋸で木を挽くことだ。しかし、てきぱきと思考が動き出せば、その考えるということ自体が思考を落ちつかせる。選びながら持ち札を捨てるのだ。さて、こんどは不眠症の場合だが、この病気の症状は、眠りたいと思い、自分に対して動くな、選択するなと命ずることである。こうした自制の欠除の状態では、運動と観念がたちまち一緒になって機械的に動き出す。いわば犬の喧嘩だ。動きはすべて痙攣的であり、観念にはすべてとげを持ってくる。こういう時には無二の親友でも疑うものだ。どんな徴候でも悪く解釈するし、自分自身がこっけいで、愚かにみえる。こういう症状はなかなか頑強で、材木を挽くのとは同日の比ではない。

ここから、楽観主義は誓約を必要とすることがよくわかる。はじめはどんなに奇妙に見えても、幸福たることを誓わねばならぬ。主人のむちで飼い犬の叫びをやめさせねばならないのだ。最後に、念のため、すべての悲観的考えを欺瞞的とみなさねばならぬ。そうせねばならぬ理由は、何もしないでいるとたちまちひとりでに不幸を作ることになるからだ。たいくつが何よりの証拠だ。しかし、我々の観念が本来はとげを持っていないこと、われわれをいらだたせるのはわれわれ自身の心の動揺であることをもっともよく示すものは、肉体のすべてが緊張からほぐされているあのしあわせなうたたねの状態である。もっとも長続きはしない。このうたたねの先ぶれの後に、まもなく本格的な睡眠がやってくる。この場合、自然の力を助けて眠りに入《はい》れるこつは、主として中途半端に物事を考えようとしないところにある。考えることに全力をそそぐか、それとも、抑制されない考えはすべて虚偽であるという経験を生かして、考えることに全然身を入れないかどちらかである。この思いきった判断が、抑制されない考えをすべて夢の位置にまで引きおろし、少しのとげもない幸福な夢を用意してくれる。反対に、夢判断でいう夢をとくかぎは、なにによらず事を大げさに考える。それこそ不幸のかぎである。

一九二三年九月二十九日

訳者あとがき

本書は、Alain : Propos sur le bonheur の全訳です。したがって、直訳すれば、題名は「幸福（についての）語録」ということになります。「幸福論」としたのは、それの方が通りがいいからです。

お読みになれば直ちにお判りの通り、本書は、幸福についての、観念的、または体系的、学術論文ではありません。具体的、または実践的、小エッセイの集合です。現実の身近なところからお話がはじまっていて、決してそこを離れることはない。そして、問題はいつも、人間はどう生きねばならないか、から逸脱することがない。

その点では、日本の新聞雑誌によくのる身の上相談の解答者の人生案内風の文章に似ているといえます。人生の苦労人、達人でなければ扱えない内容です。しかし、身の上相談の場合と違うのは、これには強靭な思考の、いわば電気ドリルの運動がある。そのドリルが頑堅な岩に穴をうがってゆく壮快さがある。男らしい作業の緊張感がある。安直な同情の湿っぽさもなければ、道学者めいた説教くささもない。与えられた問題と格闘し、それを乗りこえようとする、変ないい方ですが、精神の筋肉のたくましさ、これしかない。

それというのも、アランは、「高邁」ということを最上の美徳とするデカルトの、三百年をへだてての直系の弟子だからです。「高邁」とは、打ちかち乗りこえる態度のことです。打ちかち乗りこえるとは、まず第一におのれに、おのれに打ちかち乗りこえることを通して次におのれの周囲の人々に、更には環境に、やがては運命に、打ちかち乗りこえるということです。

「われ思う、ゆえにわれあり」という後に有名になった言葉を、存在論の根底にすえて近代の思想のみちびき手となったのは、いまさら言うまでもなくデカルトですが、そのデカルトの思想に多くの教えを、第二次世界大戦の悲劇の体験を通して、次のような戦後思想に定言化してみせたのは、「異邦人」「ペスト」「シジフォスの神話」などの著作で多くの青年に強い影響をあたえたノーベル賞作家アルベール・カミュです。次のような、とはこういう言葉です。

「われ、反抗す、ゆえに、われわれあり」

この「われ、反抗す」とは、これ以外にはどうも訳しにくいのでこういう表現をとったまでのことで、フランス語の原文の本来意味するところを忠実に日本語にするならば、「われ、われに反抗することを通して、われをかくあらしめているものに反抗す」ということです。つまり、まず現在のこのわたし、悲しんだり苦しんだり悩んだりいじけたり依怙地だったり意地悪だったりするこのわたしは、そういうふうに作られているのであって、そういうふうなわたしに反抗し、闘うことを通して、言葉をかえれば、悲しんだり苦しんだり悩んだり云々しているわたしに打ちかちのりこえようと努めることを通して、そういうふうなわたしをつくっているものに反抗し、闘うのだということです。そして、わたしをつくっているものは、わたしだけをつくっているのではない。彼女をも彼をも君をも、同じように、つくっている。しかし、そのことは、わたしがわたしに反抗しなければ、感じられるものではない。そのことは、わたしがわたしに反抗することを通して、わたしをつくっているものに反抗しなければ、彼女に彼に君に、わかるものではない。要するに、わたしが反抗することを通してこそ、または、言い方をかえれば、わたしが反抗することにおいてこそ、わたしたちは存在するのである。

　われという一人称の単数から、われわれという一人称の複数へと転化するその道行きは、ずいぶん直観的であり、また論理に飛躍もあって、評論家のなかにはその点を指摘してカミュの小児病性を非難する人もいますが、しかしそれだけにまた、第二次世界大戦中の地下抵抗運動をなまなましい劇的な連帯の生死をかけた体験として持つ人々が、そこに思考の詩的魅惑をおぼえて激しい共感を覚えたことも確かです。

　ところで、ここでの問題はアランであって、カミュではない。にもかかわらず、「われ反抗す、ゆえにわれわれあり」について語ったのは、じつは、この言葉の放つ実存主義的臭気を取りはらえば、そのままアランの「幸福論」の中心テーマだから、なのです。

　アランは実存哲学的酩酊とは無縁の人です。さきほども書いたように、むしろ、デカルト直系の合理主義哲学者です。また、第二次世界大戦のさなかを生きぬいては来ましたが、それは最晩年のことであって、したがって、反ナチズムの抵抗運動、そこから発する社会参画の思想とも、一応無関係です。一九三六年に組織された反ナチズム知識人連盟の会長にアランがなったのは有名なことですが、第二次大戦中の抵抗運動がカミュやサルトルの思想を形成したような意味では、その会長としての抵抗運動はアランの思想を形成したわけではないのです。

しかし、アランは、その本来の意味での行動の人です。「行動家として（行動しつつ）思索せよ。思索家として（思索しつつ）行動せよ」とは、アランのこのんで口にする言葉であるとともに、また、アランの思想の中核を示すものであることは、本書「幸福論」のどの頁をひらいても、直ちにわかることです。

幸せなら手をたたこう。幸せなら態度で示そうよ。こういう歌が一九六三年前後の日本に流行しました。いまのところ、この歌の精神のよしあしはともかくとして、アランの「幸福論」の思想を一言でつくせといわれるなら、この歌をもじって、幸せになりたければ、手をたたこう、幸せになりたければ、幸せな態度を示そうよ、ということになります。つまり、幸せを意欲する、意志するならば（わざと固ぐるしい言葉をつかうのですが）、幸せな人の態度をとりなさい、ということです。そうすれば、あなたの周囲の人がそれに影響されて、ちょうど太陽にほほえみかけられた花のように、幸せの微笑をほほえみかえしてくれるだろう。そのことによって、逆にあなた自身が、こんどは本当に幸せとなることだろう。

「われ幸せを行動す、ゆえにわれわれは幸せなり」というわけです。

一見こどもだましのように思えるこの思想が、じつはどんなに切なくきびしい人間体験から発したものであることか。どんなに深い人間愛に支えられていることか。そしてまた、性こりもなく戦争を起こして他人の幸福をねこそぎにしてばかりの歴史をくりかえしてきた人類への、どんなに熱い平和の祈りにみちていることか。それは、身に覚えのある、つまり不幸のどん底を体験したことのある人々にしか、わからないことです。

アランの「幸福論」は、幸福でありたいと意欲する、意志する人々のための書物です。つまり、現在不幸である人々のための書物です。幸福とは何であろうか、などとくわえタバコでのんびりと考えるレジャーを楽しんでいる人々のためのムード的幸福観念論ではありません。歯が痛い人々にとって一番大切なことは、歯が健康であるとはどんなことかを説いてもらうことではなくて、治療の仕方を教えてもらうことであり、そして痛む歯を治療することであるからです。この意味でも、アランは何よりも行動人であるわけです。

幸福とは、まず意欲であり、意志です。幸福とは何であるかは、なかなか規定しにくい。しかし、幸福になろうという意欲と意志がなければ、幸福はありえない。平和を意志し意欲しなければ、世界の平和がありえないのと、まったく同じです。しかも、平和を意志し意欲しただけでは、世界がなかなか平和になれないのは、みなさんが現実に見ていらっしゃることだし、また人類の歴史が無数の痛恨とともに語ってきたことです。それでは、さらにどうしなければならないか。

このさらにには、おそらく読者一人一人が、改めて現実に考えなくてはならない問題です。そこまで読者をつき動かす書物こそ、良書なのではないでしょうか。そして、このアランの「幸福論」は、そういう書物の一つなのです。

附記

本書には、すでにすぐれた先達によるいくつかの訳業があります。参照していろいろ教わるところが多大でした。しかし、どういうわけなのか、どの先達の訳業にもおそらく不注意からくる誤訳が悲しいくらい多く見うけられたことを、のちのちのために書いておきます。一つには、アランの文章が飛躍の多い、決して易しくはない文体をもつことによるのでしょう。もちろん、小生のこの翻訳が最高だなどという馬鹿げた思いあがりを述べたてようというのではありません。アランの、一見平易で通俗的に思える思想も、日本の精神の風土になれるには、何十年をも必要とする、というその事実を指摘しておきたかったまでのことです。もとより、小生の翻訳にも、先達以上の誤訳、取違え、不消化が（ないことを努めはしましたものの）数多く認められることでしょう。御叱正を仰ぎたいものです。まったく、アランの「幸福論」という一冊の本の運命一つを考えただけでも、それが本当に幸福な状態におかれる、幸福になるためには、数多くの人々のなかなか大変な、努力が必要のようです。

おわりに、この書物の上梓されるにあたっては、上記先達の方々の訳業の他に、桂田直一、細田直孝、大友立介の諸氏に御意見をうかがい、かつ社会思想社の八坂安守、田中矗人両氏の御骨折をえましたことを、あつく御礼申しあげさせていただきます。

一九六五年七月九日

訳　者

編集付記

一、本書は、一九六五年に社会思想社から刊行された『幸福論』（現代教養文庫）を底本とし、新たな解説を作品の前に付した。

二、今日の人権意識に照らして不適切な語句や表現があるが、訳者が故人であり、本書が発表された当時のままにした。

中公
クラシックス
W91

幸福論《こうふくろん》

アラン

2016年12月10日発行

訳　者　　宗　左　近

発行者　　大 橋 善 光

印刷　凸版印刷
製本　凸版印刷

発行所　中央公論新社
〒100-8152
東京都千代田区大手町 1-7-1
電話　販売　03-5299-1730
　　　編集　03-5299-1840
URL http://www.chuko.co.jp/

訳者紹介

宗 左近（そう・さこん）
1919（大正８）年、福岡県生まれ。詩人・評論家・仏文学者・翻訳家。東京大学哲学科卒。法政大学名誉教授。詩誌「歴程」に参加。1967年、長編詩集『炎[も]える母』で第６回歴程賞受賞。その後、「縄文」シリーズなどの詩集、縄文美術に関する評論を多く手がけるほか、フランス象徴詩を紹介。45冊の詩集、40冊の評論等がある。1994年、詩集『藤の花』で第10回詩歌文学館賞を受賞。2004年、チカダ賞（スウェーデン）を受賞。翻訳にロラン・バルト『表徴の帝国』など。本名古賀照一の名でエミール・ゾラの『ナナ』『居酒屋』やシムノンの推理小説なども訳している。2006（平成18）年没。

Published by CHUOKORON-SHINSHA, INC.
Printed in Japan　ISBN978-4-12-160170-4　C1210

定価はカバーに表示してあります。
落丁本・乱丁本はお手数ですが小社販売部宛お送りください。
送料小社負担にてお取替えいたします。

■「終焉」からの始まり
――『中公クラシックス』刊行にあたって

二十一世紀は、いくつかのめざましい「終焉」とともに始まった。工業化が国家の最大の標語であった時代が終わり、イデオロギーの対立が人びとの考えかたを枠づけていた世紀が去った。歴史の「進歩」を謳歌し、「近代」を人類史のなかで特権的な地位に置いてきた思想風潮が、過去のものとなった。

人びとの思考は百年の呪縛から解放されたが、そのあとに得たものは必ずしも自由ではなかった。固定観念の崩壊のあとには価値観の動揺が広がり、ものごとの意味を考えようとする気力に衰えがめだつ。おりから社会は爆発的な情報の氾濫に洗われ、人びとは視野を拡散させ、その日暮らしの狂騒に追われている。株価から醜聞の報道まで、刺戟的だが移ろいやすい「情報」に埋没している。応接に疲れた現代人はそれらを脈絡づけ、体系化をめざす「知識」の作業を怠りがちになろうとしている。

だが皮肉なことに、ものごとの意味づけと新しい価値観の構築が、今ほど強く人類に迫られている時代も稀だといえる。自由と平等の関係、愛と家族の姿、教育や職業の理想、科学技術のひき起こす倫理の問題など、文明の森羅万象が歴史的な考えなおしを要求している。今をどう生きるかを知るために、あらためて問題を脈絡づけ、思考の透視図を手づくりにすることが焦眉の急なのである。

ふり返ればすべての古典は混迷の時代に、それぞれの時代の価値観の考えなおしとして創造された。それは現代人に思索の模範を授けるだけでなく、かつて同様の混迷に苦しみ、それに耐えた強靭な心の先例として勇気を与えるだろう。そして幸い進歩思想の傲慢さを捨てた現代人は、すべての古典に寛く開かれた感受性を用意しているはずなのである。

（二〇〇一年四月）

中公クラシックス既刊より

法の哲学Ⅰ Ⅱ
ヘーゲル
藤野渉ほか訳
解説・長谷川宏

「理性的なものは現実的であり、現実的なものは理性的である」という有名なことばは、本書の序文に出てくる。主観的な正しさより客観的な理法、正義を重んじたヘーゲル最後の主著。

精神分析学入門Ⅰ Ⅱ
フロイト
懸田克躬訳
解説・新宮一成

人間にとっての最後の謎であった「無意識」。その扉をあけて、そこに首尾一貫した説明をほどこそうとしたフロイト。本書こそ、人間の心に関する現代の見解すべての根源となった。

大衆の反逆
オルテガ
寺田和夫訳
解説・佐々木孝

近代化の行きつく先に、必ずや「大衆人」の社会が到来することを予言したスペインの哲学者の代表作。「大衆人」の恐るべき無道徳性を鋭く分析し、人間の生の全体的建て直しを説く。

宗教改革時代のドイツ史 Ⅰ Ⅱ
ランケ
渡辺茂訳
解説・佐藤真一

15～16世紀のドイツ激動期の史資料を駆使し、歴史を「啓蒙主義」から解放、厳正な史料批判と綿密な検証によって科学的実証主義に昇華。近代歴史学の父による代表的著作。

中公クラシックス既刊より

法の精神
モンテスキュー
井上尭裕訳
解説・安武真隆

絶対主義専制への批判と告発、危機意識を表白し法支配の原理を説き、観念論的法思想を超えた法社会学の先駆となった。合衆国憲法やフランス革命に影響を与えた歴史的名著。

ユートピアの終焉 過剰・抑圧・暴力
マルクーゼ
清水多吉訳
解説・清水多吉

「ユートピアから科学へ」を乗り越えて「科学からユートピア」「美的＝エロス生活」を目指し、管理社会における人間疎外を批判した哲人による過剰社会における状況論・暴力論・革命論。

近代史における国家理性の理念 I II
マイネッケ
岸田達也訳
解説・佐藤真一

人は道義と権力、理想と現実の背理を克服できるのか。第一次大戦を体験した著者が、マキアヴェリやフリードリヒ大王を通して国家理性と現実政治の背理をどう克服すべきか追究する。

ヴォルテール回想録
ヴォルテール
福鎌忠恕訳
解説・中条省平

フリードリッヒ大王との愛憎半ばする交友関係を軸に、リシュリュー、ポンパドゥール夫人、マリーア・テレージア等当代代表的人物を活写、実践的哲学を生んだ波瀾の人生を回想する。